実践！

Filing for office efficiency

オフィスの効率化 ファイリング

長野ゆか 著

同文舘出版

はじめに

「机の上はいつもすっきりきれい」

「必要な書類やデータもすぐ取り出せる」

「帰宅時も、机の上には書類ゼロ」

こんな状態が続けば業務効率が上がるし、気持ちの余裕も出る、多くの方の理想の状態かと思います。


私は6年前に15年勤務していた市役所を退職し、オフィスの片づけ、特に書類やデータのファイリングを中心に、業務改善・ファイリングコンサルタントとして活動しています。

これまで研修や相談、現場改善等で官公庁、企業、団体、学校関係者など、様々な方からご依頼を受け活動してきました。オフィスの片づけは、業種や規模を問わず、大きな問題になっています。ただ、取り組み方次第で必ず解決する問題であること、そして職場がモノであふれるのは、決して個人のスキルや性格の問題ではないと言い切ることができます。

それは、私の仕事のスタイルが会社を片づけて「あげる」のではなく「ご依頼者様が自分でできるようになるようサポートをする」ため、たくさんの人と環境改善の過程から深く携わってきたからです。

机の状態を見てお話をすれば、その人が片づくために必要なことがだいたいわかります。10分程度の雑談後にはご自分で改善され、あっという間にすっきりした、なんてことも頻繁にあります。

それは、お伝えしていることが決して難しいことではなく、誰にでもできる、ほんのちょっとしたことだからです。こうした経験から、私が普段アドバイスしていること、ファイリングを初めて行なう人でもうまくいく基本のノウハウを本書に詰め込みました。

また、本書の特徴として、個人の抱える業務書類を改善対象としながら、「それは企業の情報資産である」ことを前提としています。そのため、個人の書類の管理法としてよくある「全捨て・全データ化で解決」などではなく、共有、引き継ぎ、年度管理など、組織・チームとして仕事をしている方に向けた内容に絞りました。

これをお伝えできる理由は、私のコンサルタント業務の主軸が「ファイリングシステム」と呼ばれる、企業全体の書類管理のしくみの提案・導入だからです。会社の全部署の全書類の発生から廃棄までをデータベース化し管理する方法で、「書類取り出し30秒」が叶うといわれる、何十年も前から存在するしくみです。

歴史ある企業様からフリーアドレス、在宅ワークを導入する企業様まで、多種多様な業種のみなさんが導入を希望されながら、社内の一大プロジェクトになるハードルの高さゆえ、導入が難しいのが実情です。

一方で、研修や個人相談で受けるお悩みは、「自分の机の周りを何とかしたい」というもの。ここで「ファイリングシステムを導入しましょう」とアドバイスしても、困惑されるだけで何の役にも立ちません。

そこで本書では、オフィスの理想と現実を踏まえた「ファイリングシステム運用を前提とした個人ファイリング」を提案しています。確立されたしくみにのっとって、個人の範囲を整えていく方法で、効果はすぐに出るでしょう。

さらに水平展開ができれば、企業全体におけるファイリングシステム導入の準備にもなります。企業様、社員個人様、双方からのご相談をお受けしてきたことが、こうした独自の提案につながり、本書執筆のきっかけとなりました。

２０２０年のコロナ禍で、自分も含め、誰が、いつ、急に長期で出勤できなくなるかもしれないリスクはどの企業にもあります。そんな中、本人すら把握ができていない「書類が山積み状態」では、周囲にスムーズに業務を引き継ぐのは難しいでしょう。また、臨時でサポートの人が手伝いに来てくれたのに、書類を探すだけで終わってしまった、なんて話もあります。

在宅ワークの普及においても、情報共有を前提としたファイリングの技術が必須であることが再認識され、今、そのニーズはさらに高まっています。

こうした背景も踏まえ、「まずは自分から、少しでも改善しよう」、そうお考えのみなさまのお役に立つことを願い、執筆いたしました。ファイリングは、１つ行動に移せば必ず１つ解決しますので、ぜひ実践してみてください。

株式会社オフィスミカサ代表取締役、オフィス業務効率化コンサルタント　長野ゆか

『実践！ オフィスの効率化ファイリング』目次

第1章 職場の書類を片づけたい！ オフィスファイリングの基本

第2章 モノも書類も！片づけの基本

第3章

使いやすいから戻しやすいバーチカルファイリングの技術

第4章 ファイリング導入のための準備と整理

第5章

実践！ 情報を活かすための個別フォルダ管理のステップ

第6章 誰も教えてくれないPCのファイル管理

第7章 全体導入でリバウンドなしの職場を目指そう

第8章 効率化ファイリングの実践例

●カバー・本文デザイン、DTP
藤塚尚子(e to kumi)
●図版製作
神林美生

第1章

職場の書類を片づけたい！オフィスファイリングの基本

机の上に書類が散らかるのは、なぜ？

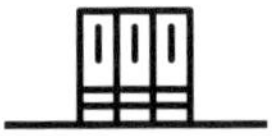

職場の机 〝あるある〟

みなさんのオフィスの事務机の上にある書類は、どこに、どんな風に置いてありますか。右側？　左側？　両側に積んでいる方も、いらっしゃるかもしれません。

以前に片づけた時に、背幅の分厚いファイルに何冊か綴じたまま机の脇に平積みになっていたり。途中に挟まっているクリアフォルダで滑りかけたり、他の書類を綴じているクリップで引っかかっていたり。地層のようになった書類の山から、下の方を確認すると「ああ、この書類か」と思い出しても処分することはできず、その場に戻してしまったり。

また、机の足元に置いたり、中には椅子の周りや隣の人の机にまではみ出している人が周囲にいませんか？「あ、あの人のことだ」と思い浮かべる方も多いと思います。

コンプレックスに思わなくて大丈夫

きっと、この状態をなんとかしたいと思い、この本を手に取ってくださったのでしょう。そんな方に最初にお伝えしたいことは「職場の書類は散らかるのが当たり前」ということです。「片づけられない」ことをコンプレックスに思うことはありません。

机の上は、業務に関する作業を行なうため、その目的のために必要なモノが集まってきます。業務量が多いほど書類が多いのも当然です。また、職場の書類に悩んでいる企業・人はとても多く、決して一部の人の個人的な問題ではありません。

ハードルは高く感じるかもしれませんが、手順のシンプルさや、収納のゴールがイメージしやすいなど、モノの片づけよりも容易な面もあります。また、合理的な管理が身につけば、モノやデジタル化したファイルの管理もできるようになるメリットもあります。

本書では、どんなに片づけに苦手意識がある人でもリバウンドしない「ファイリング」のノウハウをお伝えしていきます。

「片づけられない」コンプレックスは手放そう

業務に必要な書類が集まってくる

↓

机の上は散らかって当たり前！

POINT

- 片づけられない自分を責めないこと！
- 書類の片づけは手順がシンプル。
  →モノの片づけよりもカンタンな面もある！

2

書類が片づかない原因

✓書類が散らかるのは管理力の問題ではない

書類が片づかない原因のひとつは**「スペースがない」**からです。自分の管理が悪いからだと思っている方も多いのですが、そもそも、書類を置くスペースがあれば手元から書類はなくなります。ただ、どれだけ広い収納スペースがあっても、使っていない書類やモノが占めていれば解決はしません。ここへのアプローチがポイントです。

また、**「元に戻す場所が決まっていない」**のも散らかる原因です。とりあえず置ける場所に置いてしまったり、時間ができたら作業しようと思いながら、そのままになり、長らく書類が積もっている状態だったり。そして、いざ片づけ作業を始めると、「処分基準がわからない」。そのため、おそらく捨ててもいいと思いながらも、念のために持っておこうという書類が増え、処分の判断にも、さらに時間がかかります。

極端な例ですが、もし「年度が替わったら、昨年度の書類は全社員、すべて必ず処分すること」という社内のルールがあれば、「念のため」と持っておくことができなくなります。全員が処分するしかない状況なら、いろいろ解決しそうですよね。つまり問題は、「個人の裁量に任されている」ことにあることがわかります。

✓片づけのしくみがあればいい

モノの片づけですら苦手意識を持つ方が多い中、「社会人であれば、書類くらい片づけられて当然」という考え方はあまりに一方的です。

職場が整っている会社は、モノ・書類を管理するしくみやルールがあり、新入社員はそれを学ぶ機会があり、さらに上司や先輩から日々指導を受けています。書類の管理が業務として位置づけられているからこそ、「整った職場」が実現するのです。

書類の管理を社員各自の感覚やスキルに頼れば、机の書類が山積みになる。これは個人の問題ではなく、会社や所属部署に書類管理のルールがあれば解決することなのです。

書類が片づかない４つの原因

スペースがない
↓
あけて解決！

置きたいスペースに長く使っていないモノを置いたりしていませんか？

元に戻す場所が決まっていない
↓
決めて解決！

「これはここ！」という場所が決まれば、探し物はなくなります

処分基準がわからない
↓
基準を作って解決！

自分なりの基準を見つけましょう（詳しくは4章5項）。作業をしているうちに傾向が見えてきます

モノ・書類を管理するしくみやルールが職場にない
↓
社内ルールを作って解決！

POINT
- 人を責めないこと！
- 人の問題ではなく、ルールやしくみがないことが問題。

3 組織としてあるべき姿は「情報共有」

一人ひとりが「共有の概念」を持つこと

ファイリングシステムとは、会社のすべての文書を組織的に管理する制度です。それに対し、本書でお伝えするファイリングとは、組織の一員として行なう「個人の文書管理方法」です。「片づけ・管理コスト削減」とともに、組織の「**記録・情報の活用**」という視点を重視しています。

業務書類は、たとえ1人で担当し、個人として手持ちで管理している書類であっても、会社の情報資産です。同じ所属部署やチームのメンバーはもちろん、社員全員が、それをすぐ活用できる状態に共有されていることが、本来組織としてのあるべき姿です。これを叶えるのが、ファイリングシステムなのです。

こうした「共有の概念」がない組織ほど、個々人の抱え込む書類が多く書類があふれ、社員同士のフォロー体制が重視されていないという傾向があります。

私物化から共有化へ

机の周りにある手持ち管理の書類を減らす方法は、ファイリングシステムの基本にそって、共有化をすることです。自分の書類を会社の共有のスペースに置き、いつでも誰でも見ていい状態にする。これだけでも書類は減ります。

もし他のメンバーも同じ書類を持っていたら、各自が持つ必要はなくなります。こうして職場全体の書類が減っていきます。

例えば、私物化管理の組織では１００人が1つの会議に参加したら、保管が１００部。しかし、共有化が図れていれば、保管は1部だけでよいのです。

本書では、ファイリングシステムの考え方やノウハウを基本とした上で、個人で行なう文書のファイリングをサポートします。

ファイリングシステムの定義

ファイリングシステム

「組織体の維持発展のために必要な文書を、その組織体のものとして、必要に応じ即時に利用しうるように組織的に整理保管し、ついには廃棄に至る一連の制度のこと」

（『五訂 ファイリングシステム』三沢仁、日本経営協会総合研究所）

＝

業務書類は会社の情報資産

ファイリング

個人の文書管理方法

＝

文書（書類・データなど）の
整理・収納・整頓・片づけ方法

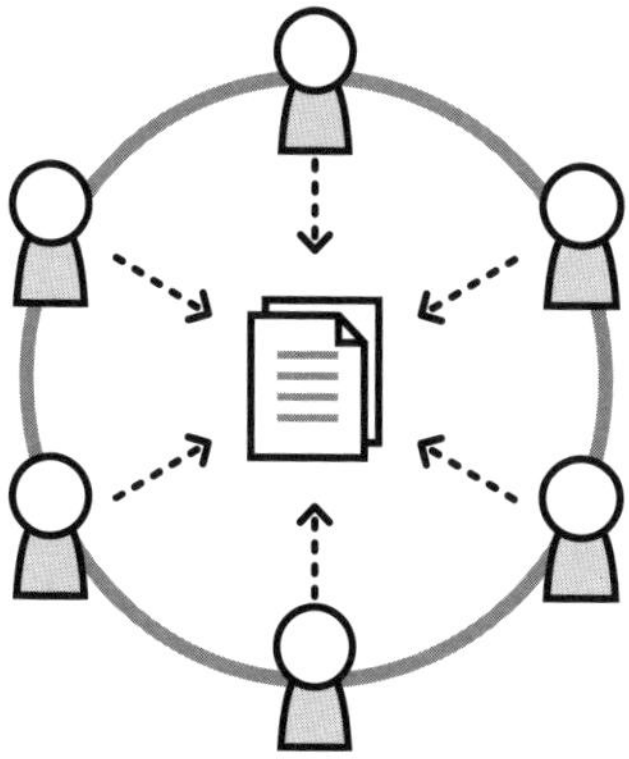

4

ボトムアップでスタートするファイリングシステム

ファイリングシステム導入のメリット

ファイリングシステムを導入し、維持管理できている企業は、全書類を完ぺきに管理し、何年たってもリバウンドしません。

新入社員から管理職まで、誰一人書類を机周りにあふれさせることはなく、さらには担当外の書類であっても30秒以内で取り出すことが可能となります。それだけのしくみがあるため、人事異動や退職時に慌てて引き継ぎ書を作る必要もなくなります。

メリットを知ると導入を熱望されるのですが、一方でファイリングシステムの導入のハードルは非常に高いのです。全書類の洗い出しに始まり、文書管理規程等のルールの作成、各所属部署で文書管理担当者の任命、全社員へ浸透させるための研修。加えて、予算・時間・ノウハウの確保が必要となるため、一大プロジェクトになるのです。

一番簡単なところからやってみる

そこでお勧めしているのが、一気に職場全体からではなく、まずは自分の仕事の書類を整えることから始めることです。

ここで活躍する収納用品が、「**個別フォルダ**」です。書類を挟み込むだけの「**バーチカル（垂直式）管理**」が特徴です。

ファイリングシステムで使用されている用品を使い、簡単なルールにそって、自分の書類がすぐに取り出せるしくみができれば、間違いなく今より仕事がはかどります。全体導入を待つことで何も変わらない状況が続きそうなら、まずは自分だけでも抜け出しましょう。

また、みなさんがバーチカル管理の効果を実感され、徐々に周囲にも広まれば、全体導入へのきっかけにもなります。すでに浸透しているため、受け入れやすく、労力も最小限ですむので、非常に理想的な流れといえるでしょう。

まずは個人のファイリングから始めよう

ファイリングシステム導入による事務効率上のメリット

☑ 何年たってもオフィス全体で書類がリバウンドせず、管理が行き届いた状態をキープ

☑ 人事異動、突然の退職時も引き継ぎのための書類整理作業が不要

☑ 担当外の書類も、すぐ取り出せる

☑ 全員の全書類を完ぺきに管理

☑ 全員の机が常にきれいで、探す時間が30秒以内

☑ 組織の情報資産として活用ができる　など

↓

まずはバーチカル管理で自分の仕事を効率的に！

POINT

- 最小単位である自分から取りかかろう。
- ファイリングの効果を自分が体験することで、ボトムアップで社内に広がっていく！

5

ファイリングの目的を明確にしよう

まずは理想の状態をイメージする

実際に自分の書類を対象としたファイリングの作業に入る前に、まずは理想の机の状態を具体的にイメージしてみてください。

効率的な業務のため、机の上には何が必要ですか。書類はどこに、どれだけの量をどんな風に置きますか。このイメージがはっきりしているほど、理想に近い結果を導き出せます。

ポイントは、いったんゼロベースで考えてみること。モノがあるからそこには置けないと思いがちなのですが、何もなければ、何でも自由に置けます。

何のためにやるか？

理想の状態にするために、目的を明確にしましょう。「すっきりしたい」と漠然とスタートすると、少しだけ手をつけて、中途半端に終了……となってしまいがち。漠然と取りかかると、少しすっきりしたら満足してしまうのです。

また、目的がはっきりしていると、悩んだ時の答えも導けます。

例えば、精神的に心地よく仕事をするため（目的）、机の上の書類をゼロにする（手段）とした場合。作業を進めていくうちに、隣の席のAさんの書類が邪魔になったとします。この時、書類を捨てることを強要し、Aさんが気分を害し、人間関係に亀裂が入るなどのストレスを抱えるなら、「精神的に心地よく」の目的と矛盾してしまいます。

すっきりした机周りを手に入れても、人間関係がこじれてしまうと、心地よく仕事はできません。

こんな風に、ファイリングの目的は、書類の要不要の判断、収納や分類など、今後迷った時に立ち返る基準となります。

目的を設定する時は、「片づいたらこんな風に部屋や場所を使いたい」「こんな働き方がしたい」といった仕事をする上での自分のありたい姿を考えるとよいでしょう。

目的を明確にすることがファイリング成功の秘訣

目的 ＝最終的に目指すべき到達点

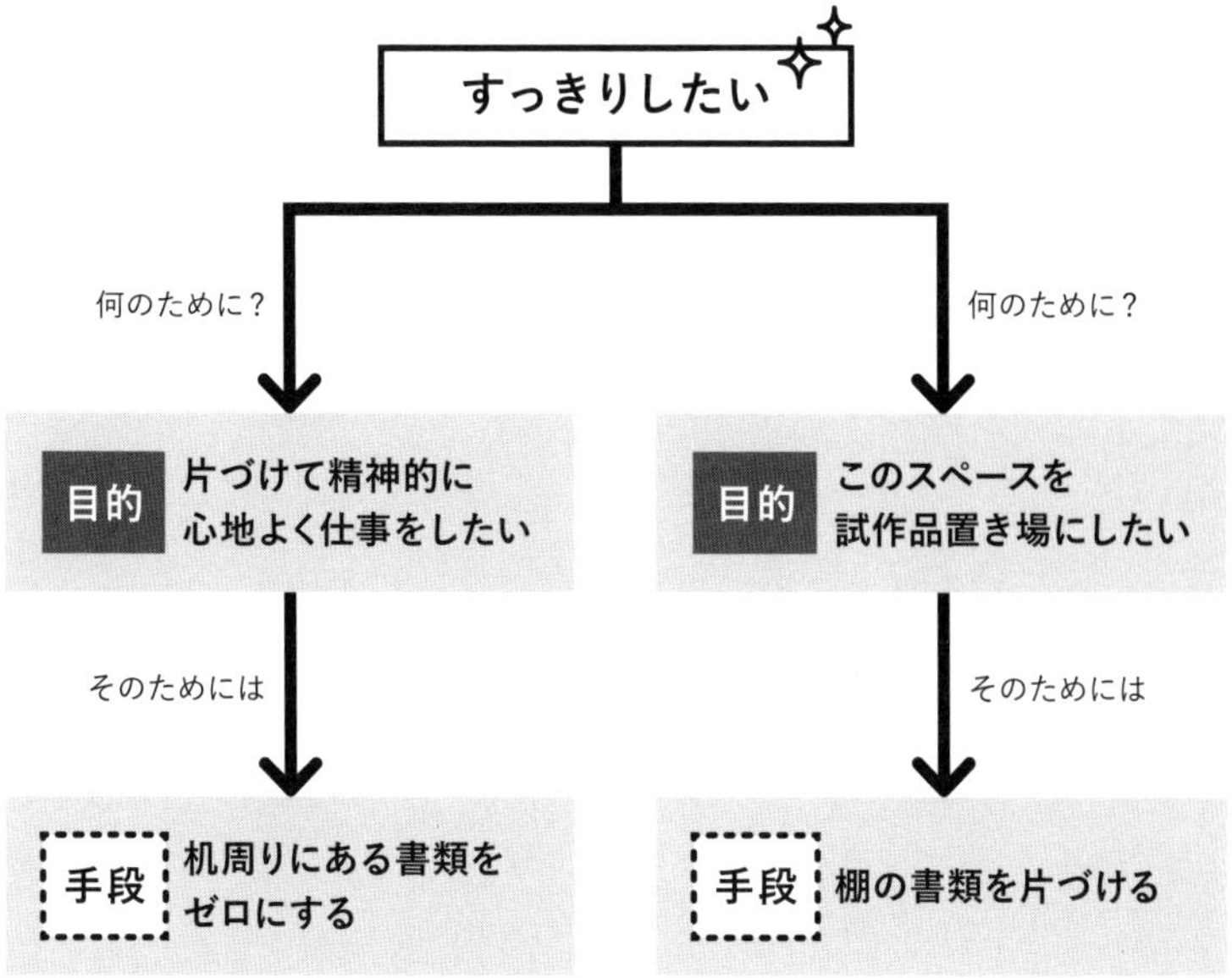
すっきりしたい
何のために？
何のために？
目的
片づけて精神的に
心地よく仕事をしたい
目的
このスペースを
試作品置き場にしたい
そのためには
そのためには
手段
机周りにある書類を
ゼロにする
手段
棚の書類を片づける

POINT

目的を明確にすると……

- ゴールまで到達しやすくなる。
- 手段のブレや、悩みが発生した時に立ち返る原点となる。

6

罪深い探し物の時間

探し物の時間を数値化してみる

書類を片づけたい理由の上位が、「探している時間がムダだから」というものです。

そこで、一体どれくらいの時間がムダになっているのかを具体化するために数値化してみましょう。左ページをご覧いただくと一目瞭然ですが、書類を片づけないことは時間的に大きな損失。深刻な問題です。

昨今の働き方改革で、業務量は変わらないまま残業も許されず、必死で仕事をしている方が少なくありません。この探し物をする20分で一息ついて体を伸ばせたら、ちょっとした雑談ができたら、1本早い電車で帰れたら……。

毎日のほんの少しの精神的な余裕が生み出す効果も無視できません。

周囲を巻き込むと、大きな時間のムダに

また「書類がない」と周囲の人を巻き込んだり、巻き込まれたりした経験はありませんか?

「念のため、自分の机にないか確認しておこう」「一緒に探してあげよう」と、3人で10分探したら、30分の損失です。

とある企業で以前、「絶対あるはずの先方から預かった個人情報書類」を紛失したという騒ぎがあり、所属部署内を15名で2日間かけて探したそうです。結局出てきたそうですが、「仕事が止まったことが、後々大変だった」とおっしゃっていました。実際、この件で失った時間は15人×8時間×2日で240時間分になります。

ファイリングは、美しさを求めるものでも、タダ面倒な書類の片づけでもなく、円滑に業務を行なうために必須の環境作りなのです。

書類を探す作業の罪深さと、管理が行き届いていることのメリット双方を知れば、取り組む必要性を誰もが感じるのではないでしょうか。

書類を探す時間はどれくらい？

1日のうち、書類を探す時間は

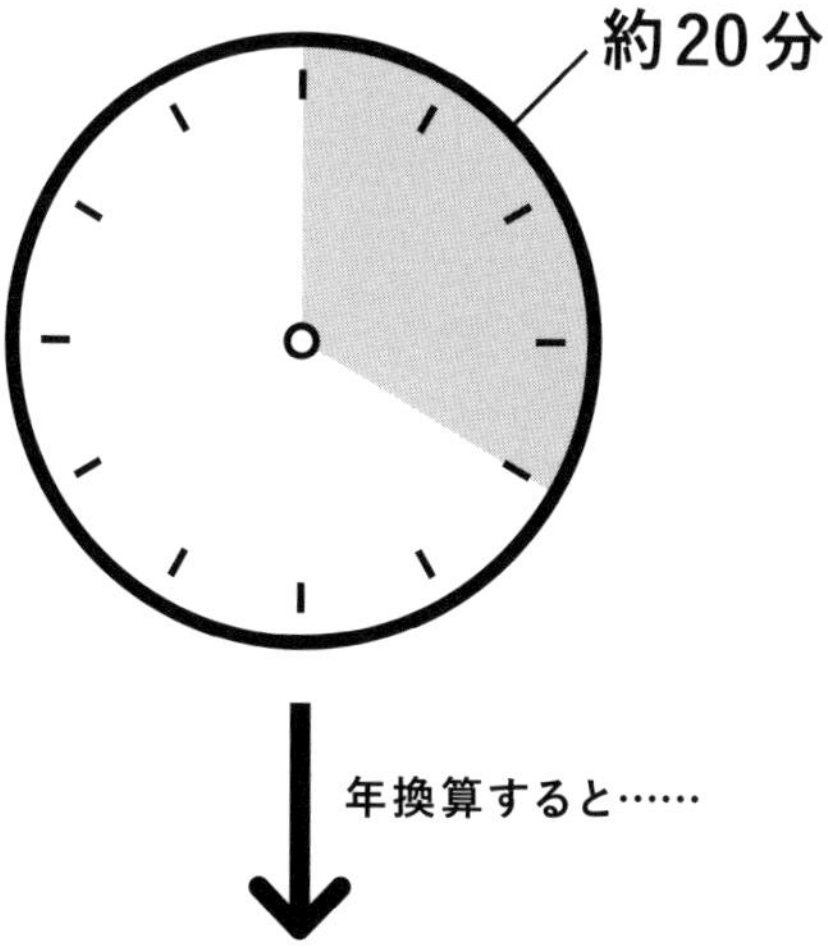

20分×240日＝**約80時間！**

（1年間の労働日数240日＝5営業日×4週×12カ月として算出）

※参考：コクヨ株式会社が2017年、週に書類を5日以上検索する有職者1,031名を対象に実施した、紙書類を探す行為に関する調査結果

POINT

- 数値で見ると、書類を探す作業がいかにムダかが明確になる。
- 人生で最もムダな時間は、探し物の時間。

7 書類探しがなくなる経済的効果

経済的効果を数値化する

前項の書類を探す時間中も人件費は発生しています。1日1人5分として、１００人の企業で見積もった場合の金額が、左ページ図の５００万円という数値です。先の調査結果は1人20分、この約4倍の数字になります。また、探し物の時間分を別の仕事に充てられると考えれば、さらにその倍です。

この機会損失を解決し、時間的効果、経済的効果をもたらすファイリングシステム導入は、確実に結果につながる業務改善であることがわかります。

また、散らかった書類は数値化できない部分でも、ダメージが大きいです。書類が必要になるたびに「また出てこない」と落ち込む。1日何度もそう思うたびに「できない」が積み重なり、気分が下がっていきます。紛失したかもというプレッシャーで体調に影響が出る、責任を感じて仕事に行きたくなくなるなどのケースもあり、想像以上のストレスやダメージがあります。

また、こうした精神的マイナスの状態を抱えた社員が１００人いる会社が健全とはいえません。

片づけは自分次第

職場全体の環境を整えるのは難しくても、自分の書類だけでも、必要になるたびにさっと出せたら、先のストレスから解放されるだけでなく「できる」「効率よく進む仕事」を感じ気持ちよく仕事ができます。

仕事は社内外含め、様々な人の意向を調整し進めていくことに労力がかかります。自分の思い通りに決定し、進められたら効率よく進むのにと思ったことはありませんか？　これができるのが個人のファイリングです。

どこに何が必要で、どう置くか、いつ作業をするか、すべて決定権が自分にあります。

すぐできる身近なことから進め、まずは自分自身の時間的、経済的、精神的効果が得られるように改善していきましょう。

会社全体の時間的損失と経済的損失

時間的損失

1日平均5分、書類を探している会社（社員数100人）だった場合…

5分×100人×年間労働日数200日

||

約1,666時間のロス

経済的損失

時給 3,000 円とした場合…

1,666時間×3,000円

||

約500万円のマイナス

※参照：『整理収納アドバイザー公式テキスト 一番わかりやすい整理入門』澤 一良・著、一般社団法人ハウスキーピング協会・監修（ハウジングエージェンシー）

POINT

個人の書類管理体制を整えることは、最終的には企業全体のプラスになる！

8

書類がすっきり片づいた人の感想

片づけるとすべてがうまく回り出す！

ファイリングによって得られるメリットは、探す時間が減るのを筆頭に様々ですが、やはり印象に残るのは、人間関係の改善です。まるで要塞のように、自分の机の周りに書類を積み上げていた人は、これまで周りの様子が「書類の要塞」によって目に入っていなかったのだそうです。忙しそう、トラブルかもしれないなどといったことが見えるようになったことで、周囲の業務を手伝うようにもなりました。向かいにいる上司の表情も見えるようにもなり、職場の人間関係が円滑になったそうです。

また、こんな人もいます。「あの書類を出して」と言われても、相手を待たせてしまうことが多く、書類を紛失していた経験もあり、その都度、「ダメなやつと思われているんだろうな」と自己嫌悪に陥っていたそうです。それが、いつでもさっと書類を取り出せるようになり、

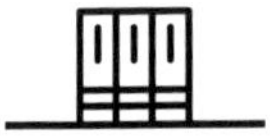

机周りもすっきりしているので誰かに何かを思われることがない。共有スペースに管理するようになったので、そもそも書類を「どこ？」と聞かれる機会が激減し、コンプレックスから解放されて自信につながったそうです。

また、会話をほぼしなかった社員同士が雑談するようになったケースも少なくありません。これまでよりコミュニケーションが密になって、仕事が以前よりうまくいくようになったという方もいます。

計り知れない副次的効果

他にも、「お客様に管理がいいと喜ばれた」「会社の役に立っていると思えるようになった」「職場での会話が増えた」「上司からの評価が上がった」「まっすぐ座れるようになり、腰痛が改善した」など、たくさんの報告をいただいています。

これらはすべて、実際にみなさんが書類を片づけたことによる効果です。

人生が変わると言えば少々大げさですが、「書類の片づけ」のよい波及効果は、業務的にも、精神的にも、人間関係にも、確実に広がっていきます。

片づけ効果で起こる好スパイラル

業務の効率化

- 片づいて気持ちがよい
- 書類がすぐに取り出せる

↓

精神的負荷の軽減

- 効率的に業務に取りかかれる
- 周囲の信頼を得る
- ストレスがかからない

↓

良好な人間関係

- 話す時間・よいコミュニケーションの増加
- 職場の雰囲気がよくなる
- 物事の考え方が変わる

↓

みんなでオフィスを片づけよう！

オフィス全体の環境改善が進む！

POINT 片づけは目に見えるメリット、数値的なメリットはもちろんのこと、副次的効果も大きい。

今こそ共有が見直される時

「急に社員が数名同時に退職してしまい、書類の山が残った。どんな業務をしていたのか、お客様の申請をどう受け付けるかもわからない状況。まずは書類を整えれば業務もわかると思うので、助けてもらえないだろうか」

ファイリングコンサルタントとして、こんな相談を受けることも珍しくありません。残された社員のみなさんのお困りの様子は気の毒なのですが、個人に仕事を任せ、共有を図ってこなかった企業側の問題です。

日本は各事務所に書類が山積みで、アメリカは整頓されていると50年も前にいわれています。アメリカは文書管理制度が進んでおり、本書のベースとなっているファイリングシステムも、アメリカから学び、日本の企業文化に合わせて発展させてきたものです。

ファイリングシステムが日本に普及しなかったのは、なぜなのでしょうか？

その理由のひとつは、「日本には必要がなかったから」だそうです。ヘッドハンティングが当たり前で、成果が出なければすぐに解雇されるアメリカでは、明日隣の席の人が急にいなくなる恐れがあり、そんな状況に備えて、組織として書類を共有しているのだとか。

一方で、終身雇用が前提だった日本は、仕事が個人につきやすく、担当者に聞けば何とかなってきたため、記録としての書類や情報の共有に価値を見出しにくかったのではないかといわれています。職場に共有の概念があまりなく、古い書類が山積み状態が当たり前の環境は、こうしたこれまでの企業文化によるところが大きいのかもしれません。

だからといって、働き方改革が叫ばれる今の時代、このままではやっていけませんよね。転職も珍しいことではなく、産休育休・介護休暇、そしてコロナ禍のテレワーク。人と直接会うことも、オフィスが不要ともいわれる中だからこそ、情報を共有して、誰でも必要な文書にアクセスできるファイリングの価値が、今一度見直される時だと考えています。

第2章

モノも書類も！片づけの基本

1 モノの片づけから始める理由

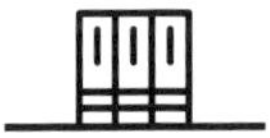

モノの片づけと書類の片づけは違う

実は、職場が片づかない大きな要因のひとつが、モノと、書類の片づけを同じだと捉えていることです。

私は、整理収納アドバイザー1級認定講師としてモノの片づけを、ファイリングコンサルタントとして書類の片づけをアドバイスしていますが、この2つは別ものだといえます。

書類は、モノと同じノウハウだけでは、不十分です。一見うまくいったように見えても、リバウンドしたり、検索性が低かったりと、すぐに限界が来ます。5S活動が徹底されている企業でも、書類管理に関してはベストとは言いがたいケースも見てきました。

モノの片づけは、「効率」が求められます。大きさや形や色などで分類し、使いやすくするために「何をどこに置くか」を決めていきます。

これに対して、書類は「**情報資産としての管理**」が求められます。

紙ではなく、書かれている「情報」を分類しているのです。そのため、モノの片づけよりもハードルがぐっと上がります。

机のモノの片づけで練習をしよう

しかし、原則的な部分を見ると、書類とモノの片づけには共通点がたくさんあります。

そこで第2章では、まずは取り組みやすいモノの片づけのノウハウをお伝えしていきます。

その中で片づけの原則を知り、効果を体感しながら、「ファイリングのためのスペース作り」を進めていきましょう。

モノの次が、書類。そして、書類の次が、データです。データに関してはモノの総量すら見えないため、難易度は高いのです。データの片づけについては、第6章で詳しくお伝えしていきます。

モノと書類の片づけの違い

モノ

- 形、色、大きさがバラバラ
- 分けやすい
- 使いやすく、戻しやすいことが片づけの目的
- 収納に工夫がいる

共通

- 言葉の定義
- 整理収納の原則
- 作業手順

書類

- 形、色、大きさがほぼ同じ
- 活用を前提とした情報資産としての管理

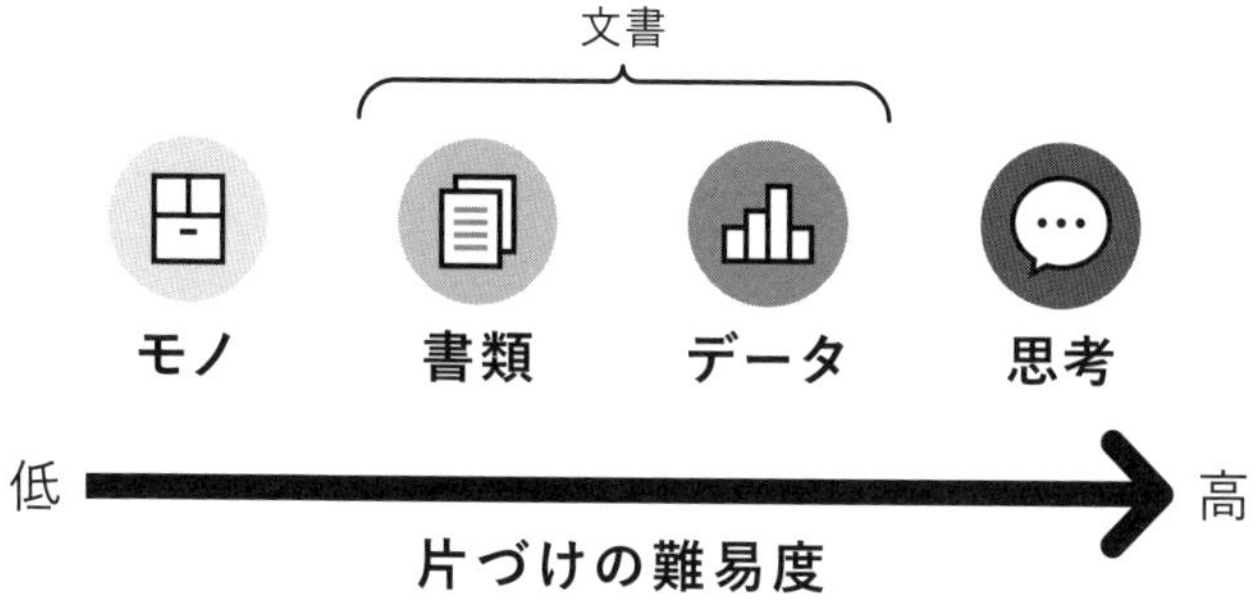

POINT

- **モノの片づけは多くの人が抱える問題なので情報が多く、取り組みやすい。**
- **難易度が低いモノから始めて、達成感を得ながら進めることがコツ。**
  書類が片づけば、データは簡単にアプローチできる！

2

言葉の定義を正しく知れば、片づけが進む！

言葉の定義

そもそも片づけとは何でしょうか。すっきりすること、きれいにすること、捨てること……よくよく考えると、非常にあいまいです。だから、片づかないといっても過言ではありません。

片づけの定義を明確にすることで、やるべき作業や、課題、対策、改善のために必要なことが見え、具体的な行動目標も、立てることができるようになります。

整理・収納・整頓・片づけ

まず片づけ（広義）という言葉には一般的に「**整理**・**収納**・**整頓**・**片づけ（狭義）**」と4つの意味が含まれています。1つずつ見ていきましょう。

まず1つめが「**整理**」です。これは、不必要なものを取り除く、要不要を分ける、区別することをいいます。特定のスペースのモノをすべて出し、分けていく作業です。

「**収納**」は、使いやすく収めることをいいます。整理の作業を通じて、「必要」と判断したモノや、特定の目的にそって分けたモノだけを、工夫して収める作業です。例えば、使用頻度が高いペンは右利きなら右側に、よく使う消耗品は手前にといった工夫です。

収納したモノを、見た目に美しく整えることを「**整頓**」と呼びます。モノの端を整えたり、等間隔に並べたりという作業が代表的です。

整理・収納・整頓まで行なうと、すべてのモノに対して「ここに置く」という、モノの住所ともいえる「定位置」が確定します。この定位置から取り出し、モノを使った後、元の場所に戻すことを「**片づけ（狭義）**」と呼びます。

あらゆる場所で、この4つの作業が終了することが必要だと考えると、ゴールが遠いですよね。そのため、まずは作業を4段階で捉え、スモールステップ化し、1つずつ完了させていくことから始めましょう。

片づけピラミッド

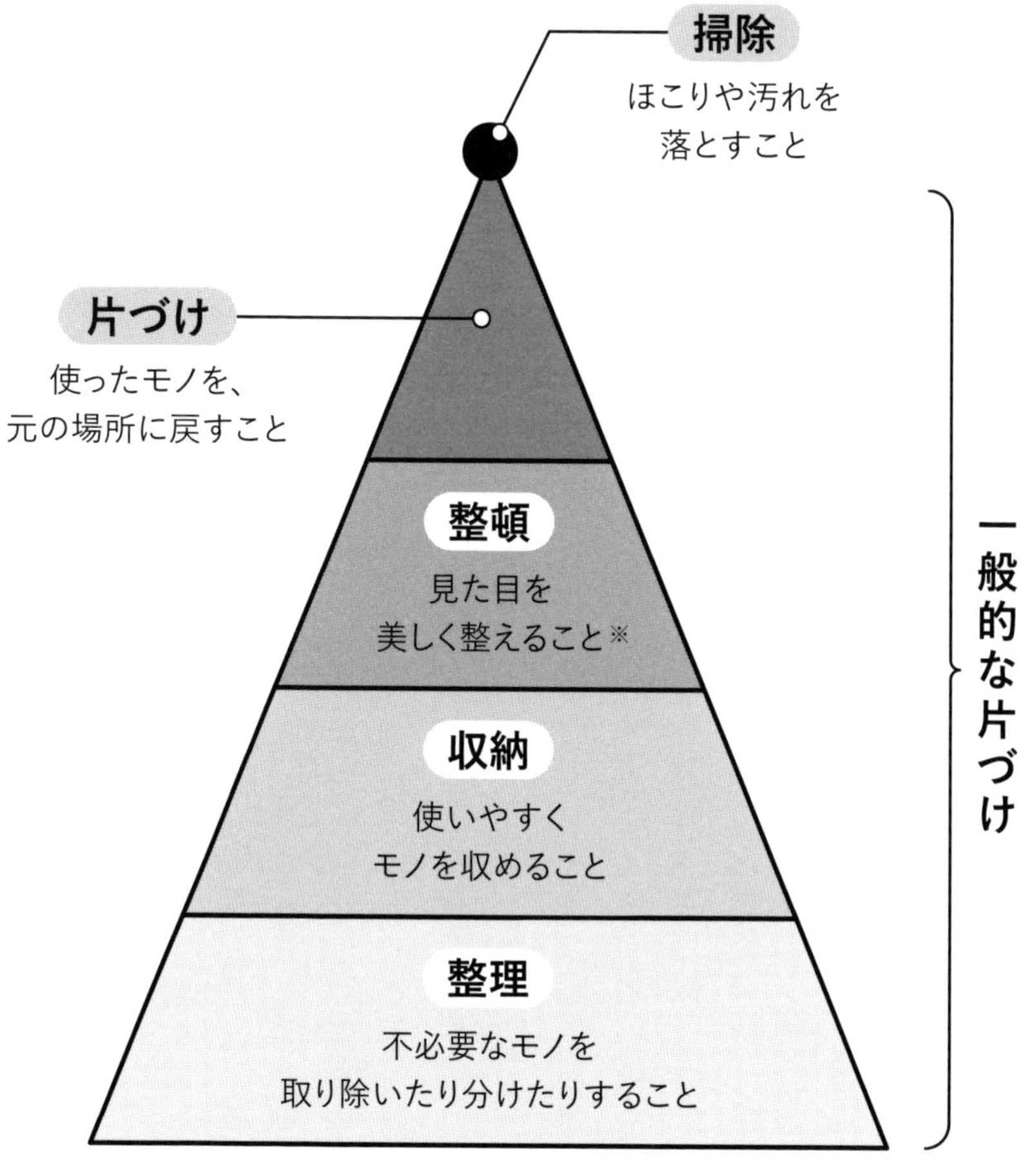
掃除
ほこりや汚れを
落とすこと
片づけ
使ったモノを、
元の場所に戻すこと
整頓
見た目を
美しく整えること※
収納
使いやすく
モノを収めること
整理
不必要なモノを
取り除いたり分けたりすること
一般的な片づけ

※整頓は、「必要な数だけ取り出す」など諸説ある。
複数名で作業する場合、全員で同じ定義になるよう確認しよう。

POINT

言葉の定義がわかれば、片づけはうまくいく！
土台から順に始めないと、リバウンドしてしまうので注意。

3

片づけが進むコツ

スモールステップで作業を明確にする

片づけの定義が明確になると、「今日は15分間、整理をしよう！」「1週間かけて整理が一通り終わった」「次は収納を考えるために情報を集めよう」という風に、どの順番に何をすればよいかも明確になり、着実に1工程ずつ終わらせることができます。当然、達成感も出てきます。

講座を受講した方が、整理だけを徹底して行なっていたところ、「モノは減ったけど、全然きれいじゃない」と上司に言われたそうです。この時、「上司は整頓を求めているんだな。収納・整頓は、整理した後にやるから大丈夫」と思ったそうです。片づけの定義がわかっていなければ、気に病んでいたかもしれない、とおっしゃっていました。言葉の定義を正しく把握しているだけで、片づけの捉え方は大きく変わるのです。

定義がわかれば、強みも活かせる

「あれを処分しよう」「これももういらないな」と考えている人は整理を、「100円ショップのケースを買って、レイアウトを変えて……」と考えている人は収納をイメージしています。「整理派」はモノを減らそうとする一方、「収納派」はモノを増やそうとする。正反対の作業では、意見の相違から作業そのものが困難になります。しかし、これは意見が合わないのではなく、そもそも言葉の定義が不明確なのが大きな原因です。

ある企業の方は、「業務改善チームを組み、何年も片づけに取り組んでいたが、滞っていた。しかし、言葉の定義を学び、整理は社員全体で一気に、収納は得意な社員同士で考える、と手順と役割分担を明確にしたら、みるみる片づけが進んだ。これまでは、目につくものだけを数名で整理をし、収納が不得意な社員にリーダーとして担当させていたことに無理があったと気づいた」とおっしゃっていました。この定義を人と共有することが、オフィス全体の片づけを進める第一歩です。

「片づけ」の定義をチームで共有しよう

失敗チーム ＝定義もゴールもなく、人によって手順も違う

- あいまいに「片づけ」と考え、捨てる人、収納用品を買う人、ラベルする人、掃除をする人など様々
- 手順が不明のため作業計画の立てようがない
- 自分は無関係だと考えている人がいる

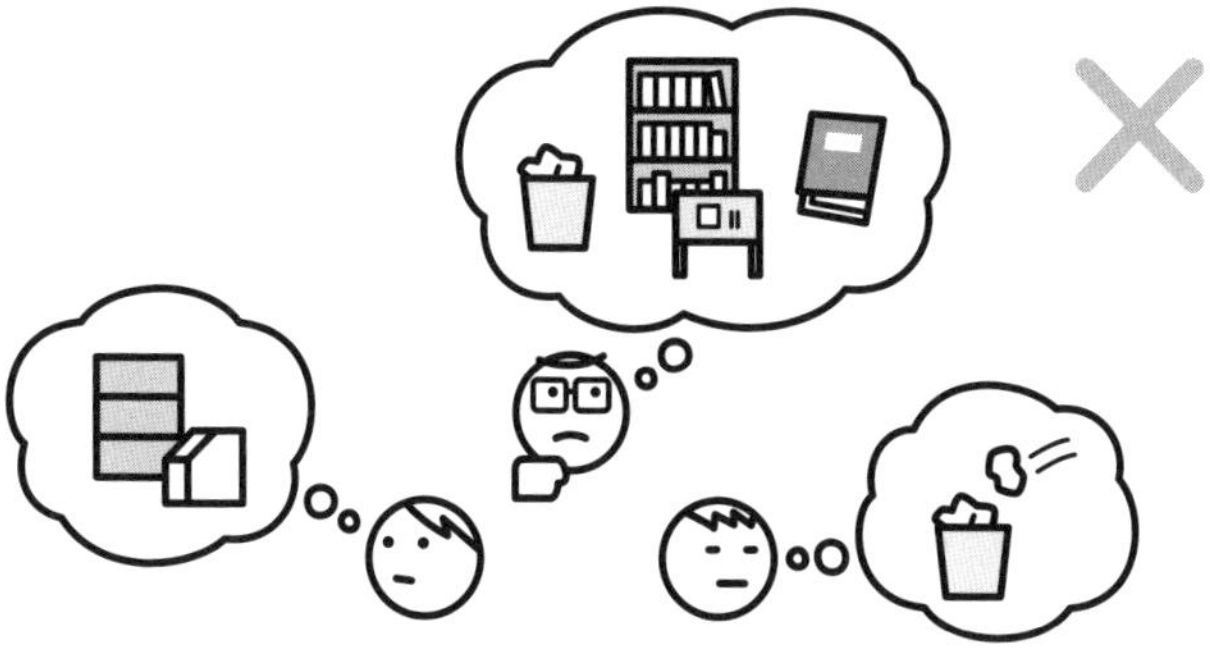

成功チーム ＝各ステップで何をすべきか明確

- みんなで整理＝要不要を分ける作業をして、確実に完了する
- 整理の次に収納に取りかかる
- 各々が得意なところで力を発揮できる

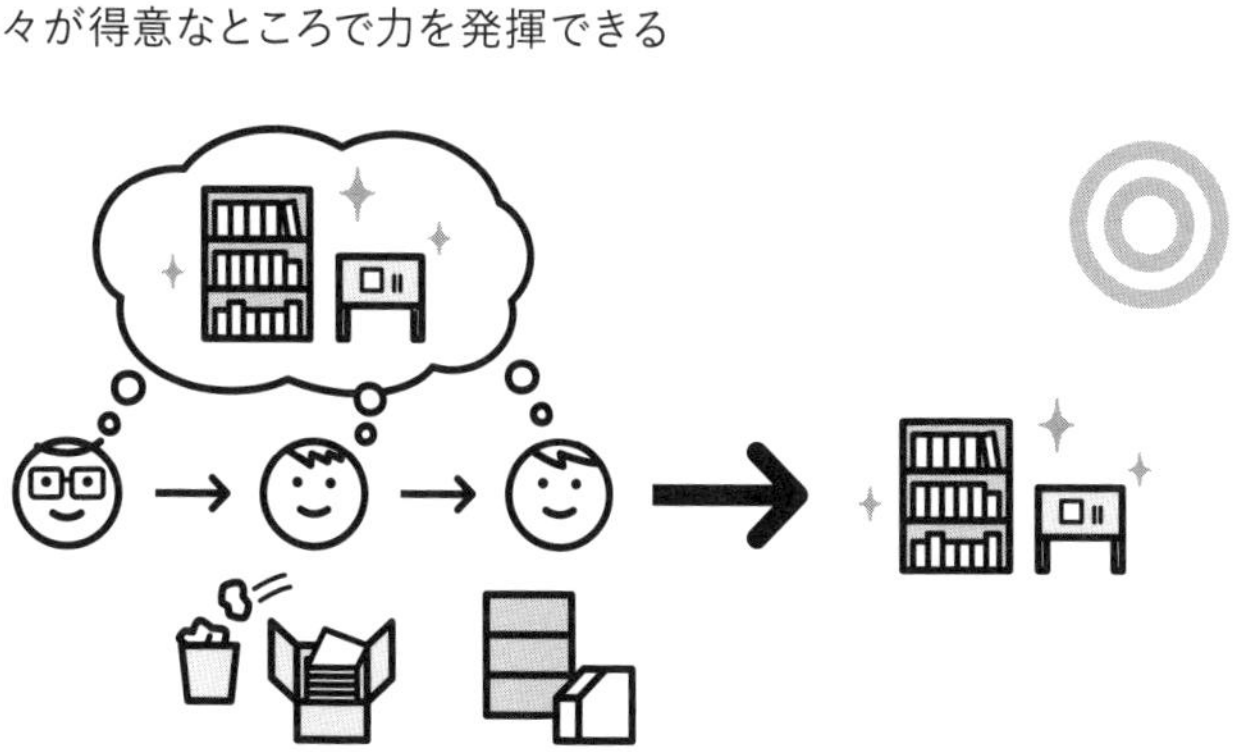

4 掃除と片づけは別作業

一生懸命掃除をしても片づかない

モノがすっきりしても、ほこりや汚れがあると片づいたとは言えない、と思っていませんか？　実際、「うちの会社は意識が高く、毎週金曜日の朝に、掃除を徹底しているのに片づかない」とご相談を受けたこともあります。

これも、片づけと掃除の定義が明確でないことが原因で起こる典型です。片づけは「何が必要で、どこに置けば使いやすいか」「元に戻しやすく、その状態を保つことができるか」に対して、**掃除は「ほこりや油などの汚れを落とす」スキル**です。片づけとは全く別モノなのです。

5S活動のハードルの高さ

企業・職場での片づけといえば5S活動が有名ですが、これは「整理・整頓・清掃・清潔・しつけ」のことをいいます。片づけと掃除、両方を含むため、5S活動は非常に難易度が高いのです。

5S活動は、製造ラインや食品を扱うなど衛生的な管理が重要になる企業・部門で必須のノウハウです。清掃清潔も非常に重要ではあるのですが、事務所や事務仕事がメインとなる環境改善であれば、「モノの片づけ＋ファイリング」を先に実行した方が、業務上の効果は早く表れます。

何をするにも片づけが土台

モノが山積みの会社とすっきりと片づいた会社、どちらの方がほこりや汚れが少ないかと尋ねられたら、間違いなく後者です。また、片づいていれば掃除にかかる時間も短縮でき、作業もラクにすみます。だから、簡単な掃除をする回数も増え、さらに清潔な状態を保てるようになります。片づけを先に行なうことで、掃除の効率も上がるということです。

効率よい職場環境、清潔な職場環境を目指すためにも、まずは整理から順に取り組みます。片づけのステップは、清潔な環境で日々過ごす上でも土台となるのです。

掃除と片づけは違う

5S	2sf
整理・整頓・清掃・清潔・しつけ	整理・収納・ファイリング
安全・衛生が重要視される部門向け	事務部門向け

POINT 同じ企業でも、製造ラインのような安全・清掃が重要視される部門は5S、総務経理のように事務作業が中心になる部門は2sf（整理収納＋ファイリング）を優先する方が早く効果が表れる。

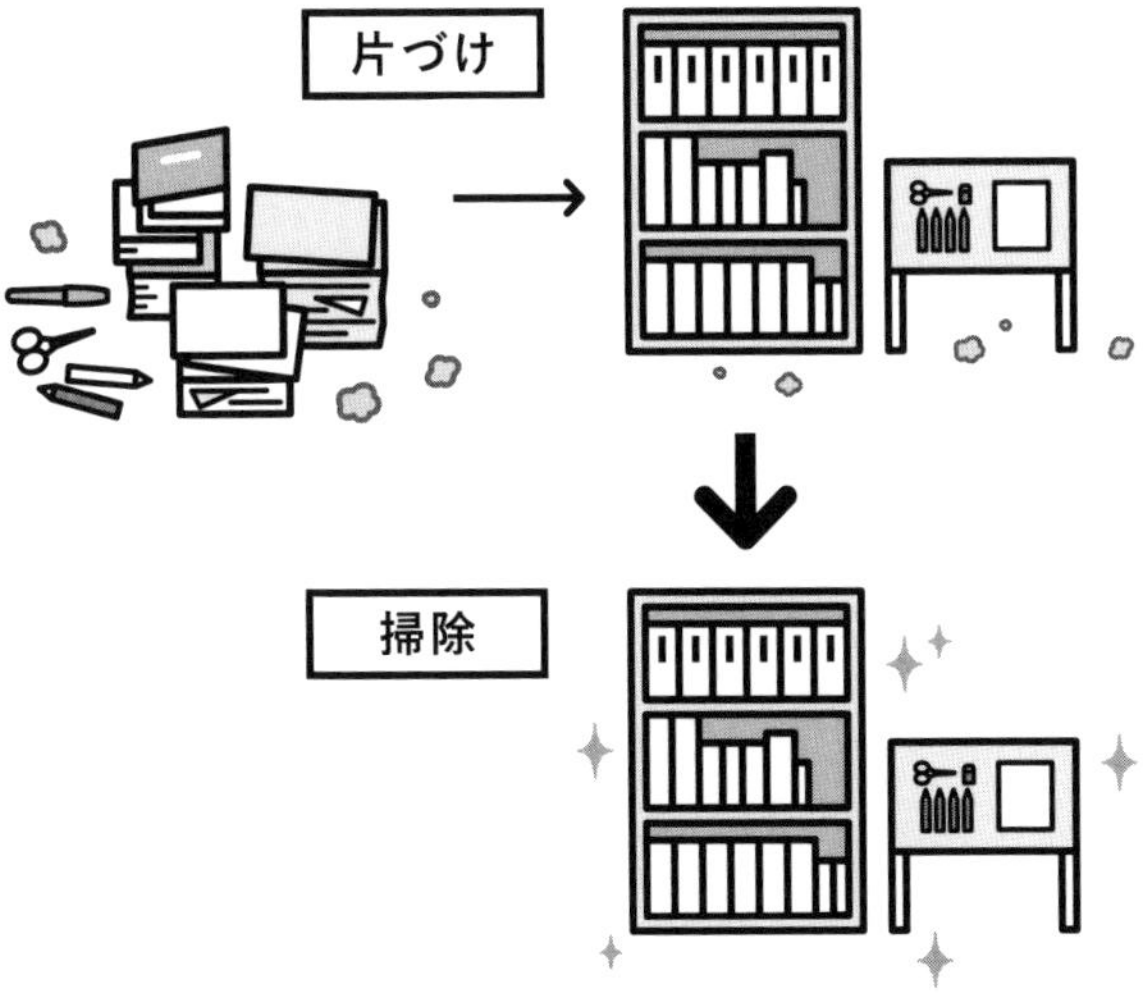

POINT 片づいていれば、ラクに掃除ができ、時短にもなって効率UP。清潔にするためにも、まずは片づけからスタートしよう。

5

「整理」の定義

✓基準を作り、条件で区別する

片づけのピラミッドの土台部分となる「整理」からスタートしましょう。まずは、「**要不要を分ける**」「**不必要なモノを取り除く**」作業です。

注意していただきたいのが、決して「ゴミを処分する」作業ではないということです。デスクの引き出しから、はがれた付箋、ホチキスの芯、お菓子の包み紙といった、明らかなゴミを取り除くだけでは、整理は進みません。

整理は「要不要を分ける」、つまり「**一定の基準（条件）を作り、区別すること**」と捉えてください。

例えば、引き出しであれば「書類を使用する業務に必要な文房具」と基準を設定してみます。すると、必要なモノは、ペンやハンコ、朱肉、クリップ、はさみ、ホチキスと判断できます。条件から外れた小銭や目薬、同僚からもらった写真、おやつ等は不必要なモノとして取り出します。これが、本来の整理です。

✓まずは使わないモノを取り除く

整理の最適な基準は毎回異なりますが、オフィスで働く全員に共通する基準は「**今、職場で使うモノだけを置く**」です。

使わないモノとして、机から出てくるモノの多くは私物。古いマグカップ、何年も前の名刺整理ソフト、何に使うかわからないケーブル、ミニカレンダー・手帳・タオルといった粗品、もらった旅行土産の小物、近くのお店の期限切れの割引券、ちょっと変わった形の使いにくいメモ帳、職場の同僚と貸し借りした時の本……。とにかく、いろんなものが出てきます。

これらは全部取り出す対象です。机の奥や足元など邪魔でない場所に置いてあったとしても、「必要でなければ取り除く」ことが原則です。

そして、取り出した後は、持ち帰って使い切る、人に譲る、処分するなど、とにかく自分が納得できる方法で、手放していきます。「私物」が「死物」になっているモノから改善していきましょう。

整理は要不要を分けること

整理＝分けること

☒ ゴミを取り除いたり、捨てたりする作業ではない。

使っているものを分けると便利

①

②

週1回以上使う1つは
机の引き出し、
週1回以上使わないものは
別の場所（詳しくは次項）

③

選ぶ対象が減ると、
出し入れしやすくなる

POINT 基準の作り方は「その場所をどんな風に・何のために使いたいか」によって変えていくのがポイント。
片づけ上級者はこの作業がとても上手。

6 使用頻度別・整理の手順

目的に合わせた整理の基準

前項でもご紹介した通り、分ける基準は「いる・いらない」だけでは整理はうまくいきません。

例えば、「使う・使わない」になるだけで分け方は変わります。

さらに「会議の時に使う・資料作成時に使う」「共通で使う・個人で使う」など、様々な目的に合わせた基準で分けることができます。

使用頻度で整理するコツ

ここで便利なのが、「よく使う・たまに使う」といった**使用頻度**による基準です。

例えば、机の中の文房具全体を、仮に「週1回使う・使わない」と使用頻度で分けてみます。

すると、輪ゴムや修正液、セロハンテープ、太マジック、30センチものさしなどが、取り除く対象となることが多いです。

また、書類処理の業務基準で「ペンは使う」と分けた場合、未使用や普段あまり使っていないものが含まれると、手元にあるすべてのペンが集まり、机のスペースを大量に占めてしまうことがあります。こんな場合も同じく、「週に1回以上使うペンか・それ以外か」で分けていきます。

これなら、同じ新品の黒ボールペンが10本あったとしても、2本は机の中、8本は別の場所と置き場所が変わります。

もちろん、週1回以上使わないからといって処分はしません。共有の文房具置き場に戻し、必要な時だけ取りに行くのもよいでしょう。

こんな風に、今使っているモノを分けることで、より便利で快適になります。

引き出しは使うモノを出し入れする場所

☑ 使わないなら取り除く
☑ 分けられない時は、基準をつけて考えてみる

↓

「１週間以内に使った・使っていない」
という「仮」の基準で分けてみると、客観的な判断につながりやすい

POINT
- 引き出しは「使わないモノ入れ」ではない。出し入れしてこそ、価値がある。
- 整理され区切られ、８割収納で出し入れしやすければOK。

7 分けることができれば、片づけられたも同然

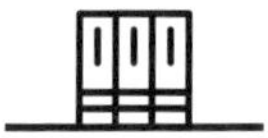

「机の乱れは心の乱れ」と言われる理由

整理する＝分けるということは、どちらにするかを決めるということ。つまり、整理の作業には判断力・決断力が必要です。

「使わないけど捨てられない」「とりあえず置いておこう」「また今度にすればいいか」というのは、判断・決断の先送りと言えるでしょう。

この先延ばしにしているツケの蓄積が、日々スペースにモノをあふれさせ、探し物の時間を発生させ、ストレスのたまる環境を作り出しています。そのため、何かを決めるのが苦手な人は、片づけが苦手な傾向にあります。

そして、「また使うかもしれないから、ここに置いておこう」「これは処分」「この書類は、次の会議の後に綴じよう」「これは、〇〇さんに渡すからここに挟んでおこう」……こんな風に一つひとつ決めてきた結果が、今の机周りの状態です。現在の机の状態は、その人の判断と決断を積み重ねた結果なのです。

机を見れば、その人の思考も現在の状態も丸見え。「机の乱れは心の乱れ」と言われるのには、こうした理由があります。

これまでと少し違う判断をしてみよう

改善していくのは、決して難しいことではありません。単純に、これまでと少し違う判断・決断をしていけば、積み重ね方が変わり、おのずと結果は変わっていきます。

この整理の基準や判断が変わっていくことが、ダイエットでいう食事習慣や運動習慣等の生活改善にあたる部分で、根本的な問題解決に必要なことです。一気にモノを処分するのは、一時的な断食やハードな運動と同じ。これではリバウンドしてしまいがちですよね。

この先長く、きれいな状態をキープするために必要な習慣が「整理」です。書類の持ち方の基準に関しては、第4章でいくつか事例をご紹介します。

自分が置いた結果が、今の机の状態

POINT
- 机を見ればその人の思考が見える。
- 今までと少し違う判断・決断をしていこう。

8

「収納」の定義

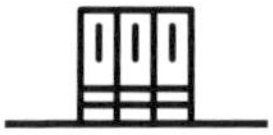

使いやすく収めること

収納は、モノを使いやすくするために行なう「工夫」の作業です。例えば、右利きの人であれば、右側にペンを置いた方がペンと手の距離が短いため、動線がいい。引き出しの奥と手前なら、手前の方が出しやすいため、よく使うモノは手前に置く。これが収納ノウハウです。

動線がよく、出しやすいということは、戻しやすいということです。意識しなくても散らからなくなるのが、理想の収納です。

収納グッズを利用してもいいでしょう。ただし、気をつけていただきたいのは、収納は決して「使わないモノをいかにたくさん、隙間なく、狭いスペースに上手に詰め込むための技術」ではないということです。

リバウンドする原因と収納用品

整理の概念がない方は「スペースが狭いから片づかない」と思い込んでいます。だから、まず棚を購入し、何が入っているかが不明な使用していないロッカーの前に置いたり、コの字ラックを購入し組み合わせ、足元に棚を制作してモノを置く……。整理に着手することなく、ただモノを置く場所が増えただけ。こうして、10年以上前の今は絶対に使わない書類を置いていた方もいました。

収納用品を増やし、そこにモノを収めると、一瞬すっきりしたように見えますが、その後もモノは増え続けるため必ずリバウンドします。

テレビや雑誌等のメディアでは、「片づけ」ではなく、収納用品の紹介ばかりしていることにお気づきでしょうか？「この収納グッズを使えば、机周りがすっきり！」と紹介されていると、試してみたくなりますよね。しかし、整理をせずに購入すると、本末転倒です。

整理が終了し、**必要なモノを使いやすく収めるよう工夫することが収納**です。まずは整理を行ない、必要量と目的に合わせた収納用品を見極めて購入しましょう。ここでぴったりくる収納用品を選ぶことができれば、長く大切に使うことができます。

使いやすく収めるちょっとした工夫

右利きの場合、右側にペン、左側に電話がある方が
動線がよく、効率的

POINT 収納グッズの購入や、収納の工夫から始める人は必ずリバウンドする。整理が終わってから収納に取り組もう。

9

収納の4つの原則

いくらでも生み出せる収納アイデア

「アイデア収納」という言葉があるくらいですから、収納方法は無限に生み出せます。しかし、原則は「**四角く区切ること、立てておくこと、直置きしないこと、8割に収めること**」これを基本に考えます。

まず机の引き出しを、四角い収納用品を使って区切る理由は、収納効率を上げるためです。丸いとデッドスペースが発生します。自宅にあるケースや、お土産やお菓子の箱など、いろんな大きさの箱を様々な向きで組み合わせ、そこにペンを入れたり付箋を入れたり、しばらく使ってみながら、日々改善していきます。

そのうち、「この収納が一番いい」と思えたら、その箱と同じサイズの収納用品を１００円ショップなどで購入すればよいでしょう。

立てること、直置きしないことのメリット

モノは立てて収納します。平置きをしてしまうと、下のモノが見えなくなり、忘れ、散らかる原因になるからです。これは机の中、カバンの中など、どこであっても同じです。その最たるものが紙類です。今、平積みにしているなら、すぐに立てましょう。

また、直置きしないこともポイントです。直接モノを机の引き出しやかばんに入れるのではなく、四角いカゴやケースを使い、その中に収めます。これだけで、スペースを区切れるので、目的別に整理されやすく、見た目も整頓されているように感じます。

例えば、引き出しの中の手前と奥を、２つの四角いケースで区切ったとします。すると、手前の箱を一度つかんで取り出し、奥のケースを引っ張れば、机の中の奥にあるものも、手前にあるものもすべてのモノがすぐ出てきます。ケースを２つ取り出すだけなので、拭いて掃除するのも簡単。これは「四角く区切る」「直置きしない」、２つの原則による効果です。

収納の原則

第1原則	**四角く区切る** スペースや空間を四角く区切って収納
第2原則	**立てて置く** 引き出しを開けた時に、モノが立って入っている状態
第3原則	**直置きしない** モノを床の上に直に置いたり、引き出しに直接モノを入れたりせずに仕切り箱を使って区切った上に置く
第4原則	**8割に収める** スペースぎゅうぎゅうに入れるのではなく、8割にしておくことで、出し戻ししやすくなる（詳しくは本章11項）

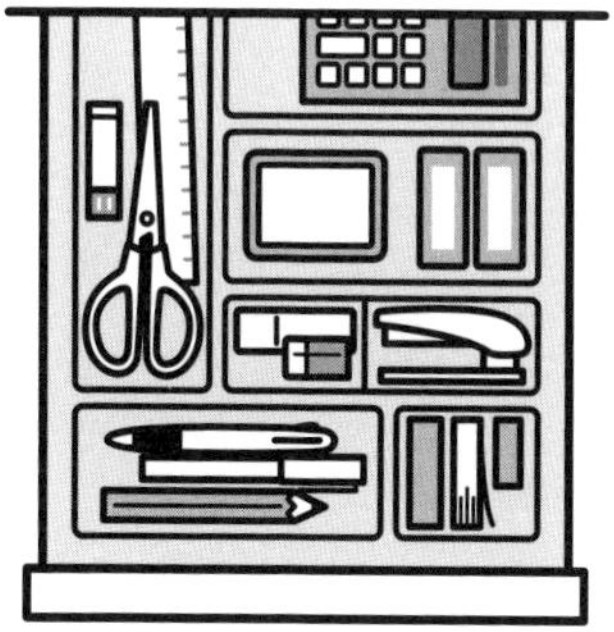

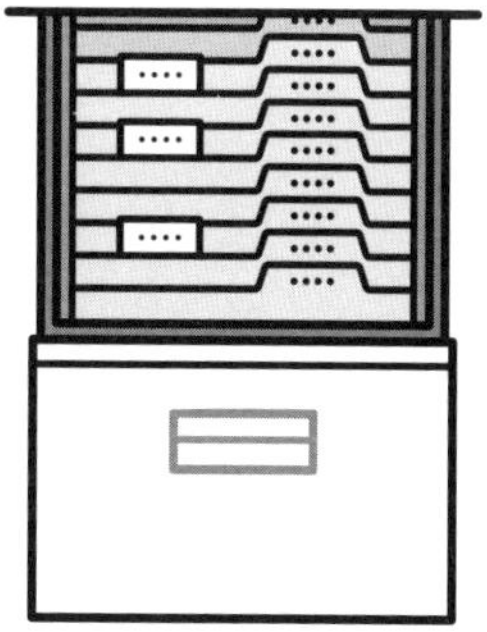

POINT **モノも書類も原則は同じ。バーチカルファイリングはこれが叶うしくみになっている。**

10

先延ばししない名刺管理方法

フォルダか名刺箱か

名刺管理に悩んでいる方も多いものです。机を片づけているとあちこちから名刺が出てきます。名刺管理がうまくいかない理由は、面倒だからで、それは収納方法が自分に合っていないということです。これも収納の原則に則れば、効率的に管理することができます。

一般的によく使われている**リフィルファイルタイプの名刺管理方法は、お勧めしていません**。なぜなら、ファイルそのものがかさばるのと、名刺の増減を前提とした管理が非効率だからです。名刺交換を行ない、名刺が新しく増えた際、企業名もしくは担当者名等で分類された場所に入れたいのに、そのスペースはあいていない。逆に、担当者が辞めた場合等は、そこだけ歯抜けになってしまうなど、手間をかけないときれいな状態でキープできないというのが大きな欠点です。

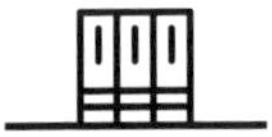

では、どう管理するのが合理的なのかといえば、収納の原則にそって「立てる」ことです。名刺が立つ収納ケースを準備し、五十音の仕切りに合わせて入れるだけ。これで完成です。新しく増えた名刺は、容易に分類し、適切な場所に入れることができます。

使用頻度順の収納にする

名刺整理箱使用時のコツは、連絡をとるために名刺を探して利用したら、五十音仕切りのすぐ後ろに戻していくことです。すると、「最近連絡した相手」「よく連絡する相手」が集まり、使用頻度順に並ぶため、検索スピードが上がります。

一方で、後ろには「使わない名刺」がたまるので、後ろからある程度の量を適当につかんでも、不必要な名刺を一瞬で選択でき、整理の時に1枚1枚チェックする作業が不要になります。人事異動等の引き継ぎの際も、全名刺を引き継ぐより、実際に使う名刺だけ渡される方が、後任者にも喜ばれます。

面倒さゆえ、後回しになっているなら、収納を工夫することで、すぐに解決します。

名刺管理箱がオススメ

リフィルファイル

- ファイルがかさばる
- 該当の箇所まで開けるのが面倒
- 名刺の増減時に、対応できない（ところどころ抜けてなくなる）→ **きれいをキープしにくい**
- 探しにくい → **元に戻す、出す時のアクション数が増える**

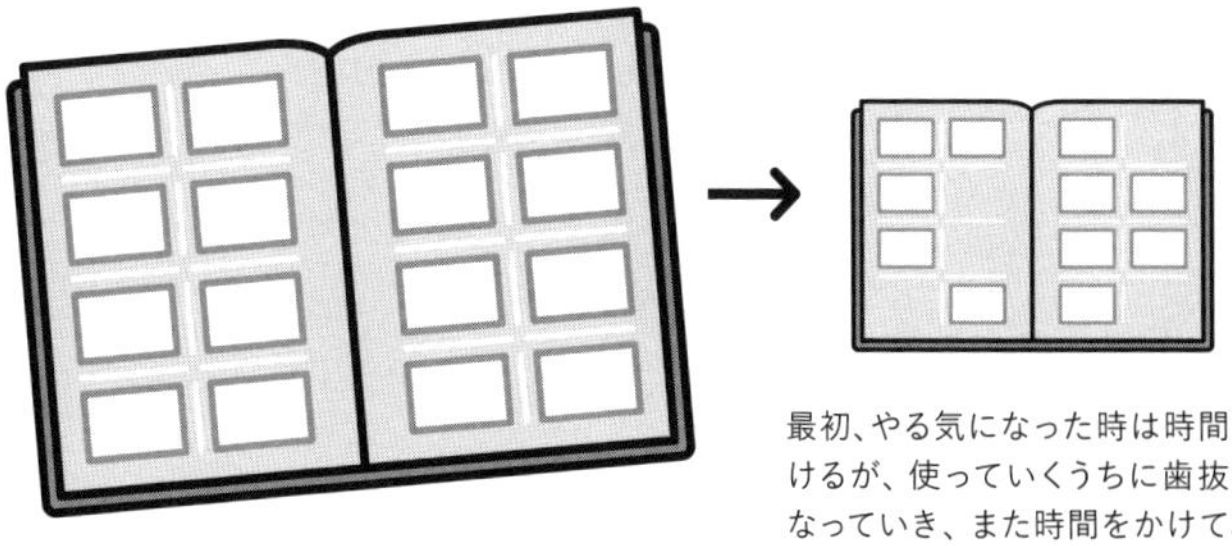

最初、やる気になった時は時間をかけるが、使っていくうちに歯抜けになっていき、また時間をかけて収納し直さなければならなくなる

名刺整理箱

- 五十音の場所に差し込むだけ
- 使った名刺は、仕切りのすぐ後ろに差し込む
→ **使用頻度の高い名刺が前に集まる**

POINT

- **目的に合った収納方法を選ぼう。連絡のために名刺を管理するなら名刺整理箱、一覧で見る必要があるならリフィルファイル。**
- **「使用頻度 vs 収納時間・手間・費用対効果」から収納方法を考えよう。**

11 きれいをキープする8割収納

8割収納とは？

整理収納を進めた後、これで完成ではありません。リバウンドして、また整理収納を行なうのは時間のムダ。ここからは常に元の場所に戻し、きれいになった現状をキープする必要があります。

そのために必要なのが「**8割収納**」です。スペースに対して、収めるモノの量を8割程度に抑えるという原則です。

10割とは、スペースに隙間なくびっちりとモノが入った状態。一見きれいですが、こうなると出すのも戻すのも1アクション以上増えるため、せっかく決めた場所に戻すのが面倒になり、徐々に散らかる原因となります。

例えば、本棚をイメージしてみてください。本を戻そうとした時に、2割程度の隙間や空間の余裕があれば、その隙間に片手でさっと戻すことができます。

ところが、隙間なくびっちり本が入っていたら、戻すためのあきスペースを確保するため、横の本をぎゅっと押して圧縮しなければなりません。これが面倒だから、並んでいる本の上や手前に、ついモノを置いてしまうのです。

「出しやすいから戻しやすい」が必須条件

これも原則なので机の引き出しの中はもちろん、ペンケースやカバンの中など、どのようなスペースでも同じです。8割にしておくことで、戻す時の手や指、体を入れ動かすスペースの余裕ができ、元の場所に戻しやすい環境が整います。もちろん、「一時的」に増えたモノを入れても、きちんと収まります。

そして、ここからは「**1イン1アウト**」、1つ新しいものが入ってきたら1つ出すことを徹底しましょう。

適正量の設定に影響する内容ですが、8割収納の状態まで作ってから1イン1アウトができれば、今のきれいな状態のキープが可能になり、二度と大きな片づけ作業をしなくてもいい環境を作ることができます。

8割収納が基本中の基本

8割の本棚

10割の本棚

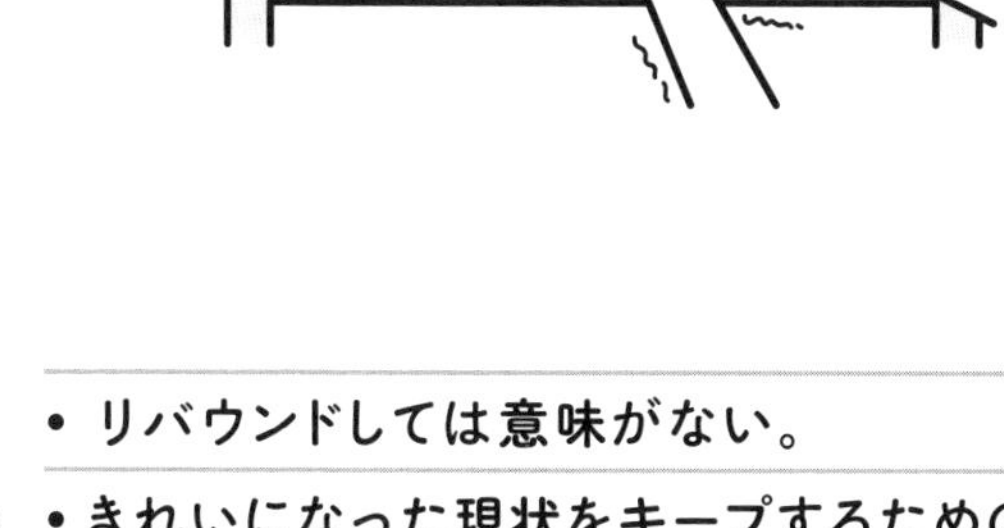

POINT

- リバウンドしては意味がない。
- きれいになった現状をキープするための8割収納を日々心がけよう。
- 現状維持でいいと思った瞬間から、モノはたまり始める。

12 戻すための1アクションを徹底的に減らす

机の引き出しにゴミ箱を作る

事務作業をしていると、ホチキスの針や、使った後の付箋など、小さなゴミが多数出ます。そこで、机の2段目の引き出しの中に、小さな箱にビニール袋をかけ、ゴミ箱を置いてみると、とても便利です。

どう便利になるのか、数字で見ていきましょう。

まず、ゴミ箱へ捨てる場合、捨てて戻ってくるまでの作業手順として、①椅子を引く、②立ち上がる、③椅子を元に戻す、④ゴミ箱まで歩く、⑤ゴミを入れる、⑥戻ってくる、⑦椅子を引く、⑧座ると合計8アクション。これを仮に10秒としましょう。

引き出しの中にゴミ箱を作った場合、①引き出しを引く、②ゴミを入れる、③引き出しを閉めるの3アクション。時間にすれば3秒もかかりません。これが、1日に6回ゴミを捨てるなら、かたや48アクションに対して、引き出しのゴミ箱なら18アクション。秒数比較で見ても、ゴミ箱まで歩く分、圧倒的に机の引き出しが便利です。さらに、1年240日ほどで計算してみると、大きな差になりますね。

「ただ便利」なだけはなく、アクション数を1つでも減らし、1秒でも削ることへの小さな工夫を積み重ねる重要性を感じていただけるかと思います。

アクション数が減るほどキープしやすくなる

元の場所に戻しやすいしくみ作りにも、アクション数は直結しています。アクションが増えるほど「その一手間」が面倒で、散らかる原因になるからです。

そのため、片づけのプロは、どこに・何を・どのように置けば1アクション減らせるのか必死に取り組み、そのために収納用品も厳選します。

あとで紹介する書類管理も同じです。個別フォルダを使用する「バーチカルファイリング」もとても便利ですが、アクション数から見てみると、より効率のよさが明らかとなります。

アクション減で生産性UP！

① 引き出しを引く
② ゴミを入れる
③ 引き出しを閉める

合計
3アクション
3秒

① 椅子を引く
② 立ち上がる
③ 椅子を元に戻す
④ ゴミ箱まで歩く
⑤ ゴミを入れる
⑥ 戻ってくる
⑦ 椅子を引く
⑧ 座る

合計
8アクション
10秒

↓

1日に6回ゴミを捨てる場合、
18アクション（18秒）と48アクション（60秒）と
大きな差が出る！

POINT

どこに置くか、頭の中で考えてから収納するのも1アクション。何も考えず、ポンと置けば元の場所というノーアクション収納が最高。

13

片づけは、元の場所に戻すこと

定位置管理の工夫

いつも同じ場所にモノを戻す「**定位置管理**」、これが定まれば、探し物がなくなります。

出す時はどこにあるか探せても、戻す時には案外、「だいたいこのあたり」と適当になり崩れていきます。解決のためには様々な工夫がありますが、中でも有名なものをご紹介します。

まずはテプラなどを使ってモノの名前を置き場所に貼る「文字ラベリング」。応用として、モノの写真を撮って貼っておく「写真ラベリング」です。

また、5Sの定位置管理としてよく紹介されているのが、そのモノの形にかたどって、収納の目印とする「**模り（型取り）**」の手法。はさみやペンの形にそって、ウレタンに型を抜いてモノを置いている写真を、ご覧になった方もいらっしゃるかと思います。「必ず定位置に戻す」「決めた以外のモノは入れない」「この状態をキープする」を徹底します。

使った後、5ミリの差もなく、同じ場所に戻すことができ、さらに、元に戻っていないのも一目瞭然。紛失にすぐ気づくというメリットもあります。

模り収納を採用すべきかどうか悩んだら

「机の引き出しの中は、必ずウレタンの模り収納にすべきでしょうか？」という質問を受けることがありますが、そんなことはありません。

例えば、鍵やUSBメモリなど、紛失してはいけない小さなモノを複数持っている場合や、元の場所に戻す習慣を作りたい、絶対に二度と机の中を片づけしたくないといった目的があるならいいでしょう。

しかし、「モノの増減に対応しにくい」「模る作業が手間」といったデメリットもあります。その収納方法で得たい効果は何か、目的を明確にして検討しましょう。

定位置管理のアイデア

模り

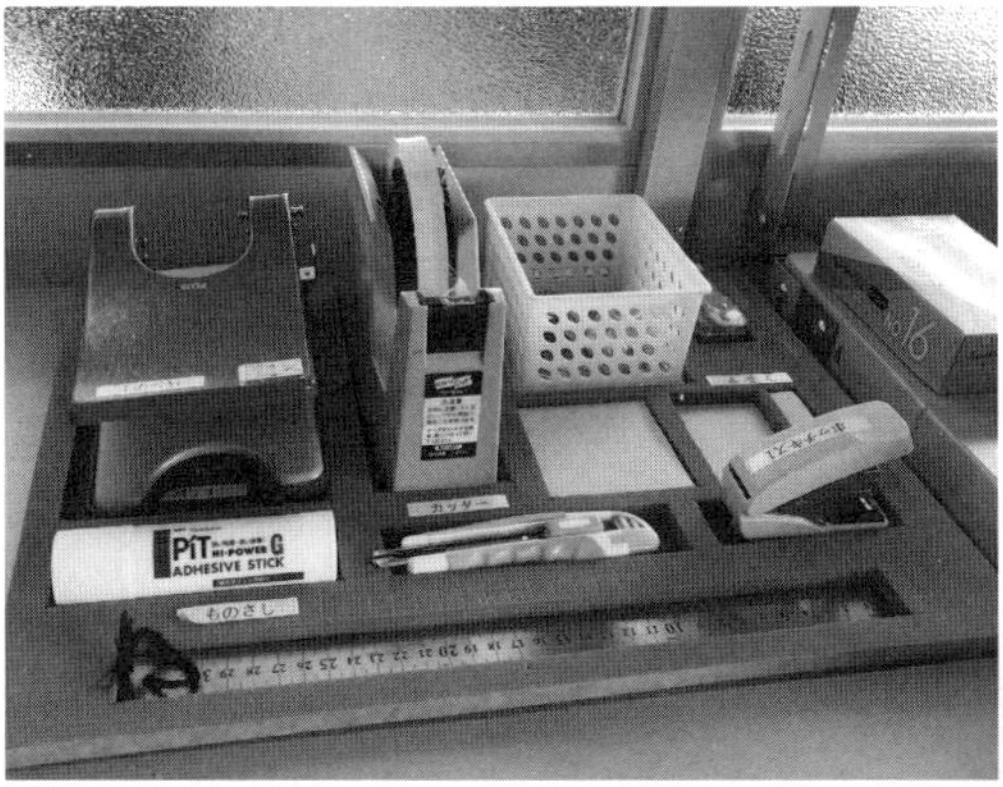

写真

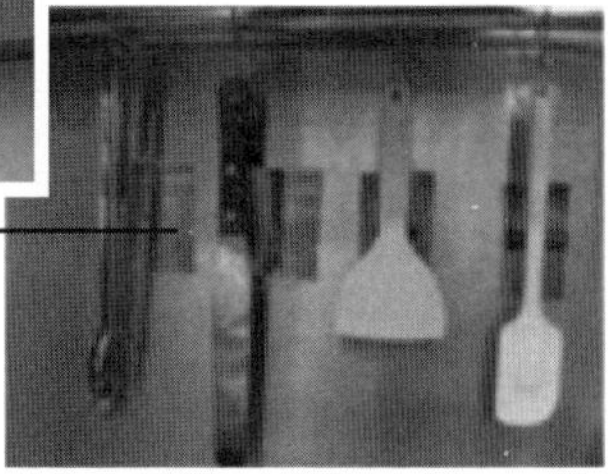

写真を貼っておくことで、戻す場所がわかる

ラベル

A4 コピー用紙（1束＝500枚）	
発注先様	藤井商店様
入荷ロット	5束
最低在庫	2束
※最低在庫になったら、発注 藤井商店　：TEL XX－XXXX－XXXX	

定数管理＋発注マニュアルを兼ねた表記

POINT

- 常にメリットとデメリットを洗い出し、比較する。
- 常に工夫・改善し続ける視点を持つことで、元の場所に戻しやすく、現状をキープしやすくなる。

ホームファイリングのすすめ

書類の管理が行き届いたご家庭は、必要な時に、必要な書類がさっと出てきます。しかし、実際にはすべての書類を奥さま一人で管理されている場合が少なくありません。

私が実践指導するホームファイリングのゴールは、「家族全員が書類を共有し、自分で出せるようになる」ことです。どこに何の書類があるかわかれば、自分たちで出し入れするようになることも多いのです。

ホームファイリングといっても、オフィスと同じです。バーチカル管理が基本で、管理表を作り、分類やタイトル等についてフィードバック。管理表には家族全員から意見をもらい、改善し、ゴールを目指します。家族が書類管理に興味を示した、夫が自分で保管していた書類を一緒に管理してほしいと出してきたなどの変化が起こるのですが、これがオフィスでいう参加意識です。

ご家族も、自分で取り出せる方がストレスフリーですし、「あの書類どこ？」と声をかけるのは忍びなく思っていらっしゃる場合もあります。また、「夫が水道修理訪問時に、私がいなくても書類を出して対応してくれた！」と、涙を流して喜んでくださった方もいました。家事に積極的でない様子に長年ストレスを抱いたそうで、ホームファイリングで解決したとのことでした。こうしたプラスの波及の効果は、夫婦関係にも影響する——すべてはオフィスと共通です。

私は現在、ファイリングの本来の魅力を広く知っていただくため、オフィス向けのファイリングスキルをご家庭向けにも提供しています。自宅で効果を体感した方々が、オフィスにバーチカル管理を持ち込み、社内の改善が進んでいるというお話も。家庭からもファイリング普及ができればと思っています。

第3章

使いやすいから戻しやすいバーチカルファイリングの技術

個別フォルダを使ったバーチカルファイリング

✓立てて管理するバーチカルファイリング

モノの片づけの基本が身についたら、いよいよ書類に着手しましょう。

書類も、モノと同じ原則にそって考えます。特に「**立てて収納する**」のが一番のポイントで、これを叶えるのが個別フォルダを使った収納方法です。

✓書類の収納は個別フォルダ利用で劇的改善

個別フォルダとは、見出しのついた厚紙です。これに書類を挟んで立てて管理します。「**バーチカル（垂直式）ファイリング**」とも呼ばれます。とてもシンプルな道具なのですが、よく見かける「簿冊式ファイル（穴をあけて綴じ込むファイル）」と比較した時に、メリットが非常に多いのです。

例えば見出し部分の場所・幅がそろうため、タイトルが見やすく必要な書類が探しやすい。パンチで穴をあけ綴じ込む必要がなく便利。書類の出し入れの時に、簿冊式ファイルより圧倒的にアクション数が少なく、元の場所に戻せるので、きれいをキープしやすいなど、たくさんのメリットがあります。

そしてオフィスならではの大きなメリットは、**業務に合わせて、その都度個別フォルダの並び順を変更しやすい点**です。

例えば、あるプロジェクトの書類を、背幅3センチ程度の簿冊式ファイルに、日付順に綴じ管理しているとします。そこで急に誰かから、プロジェクト初期の頃の資料が渡されたとしたら、どうでしょう。わざわざ穴をあけ、綴じている書類を外して、該当する場所に入れるというのは非常に面倒です。

その点、バーチカル管理なら、1つ個別フォルダを追加して、適切な場所に入れるだけ。業務進行に合わせて、随時随所に個別フォルダを追加できるため、現在の業務の状態に合わせた管理が可能になるのは業務効率上、大きなメリットです。

個別フォルダで業務効率化

元の場所に戻しやすく、きれいをキープしやすい

見出し部分が、すべて同じ場所に同じ幅
＝**タイトルが探しやすい**

並び順が変更しやすい

パンチで穴をあけ綴じ込まない＝**便利**

POINT

- **個別フォルダは出し入れのアクション数が少なく便利。**
- **順番を入れ替えやすいので、業務の状況に合わせて並べ替えしやすい。**

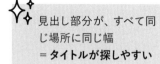

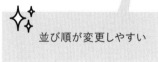

2

個別フォルダなら省スペースで収納できる

✓収納効率も個別フォルダが圧倒的にいい

例えば、背表紙の幅が10センチの簿冊式ファイルは、中の書類が半分に減っても、背幅は10センチのまま収納スペースを使用します。訪問した企業で分厚いファイルを手に取ったら、中には数枚しか入っていないなんてことも、よくあること。また、10センチの書類の重量に耐えられるよう、表と裏の表紙にも厚みがあります。

その点、個別フォルダは、書類量に合わせて、数もスペースも減りますし、表紙の厚みも圧倒的に薄い。簿冊式ファイルから個別フォルダに変更するだけでも、スペースは確実に生まれます。

✓8割収納も量に合わせて分冊するだけ

例えば、簿冊式ファイルが厚み3センチいっぱいで、中には4月から2月までの報告書が綴じられている場合。3月分もそこに入れて、1年分で管理したいですよね。

でも、すでに収納量が100%だった場合、力ずくで押し込まれたり、3月分だけ穴をあけずにファイルに挟み、落ちないように輪ゴムでとめたりしがちです。

本来は、ファイルをもう1冊準備し、再度中身を分けて前・後期と分けたり、一回り大きなファイルを購入して中身を入れ替えたりすれば、簿冊式ファイルでも8割収納は叶いますが、面倒ですよね。そこまで手をかける必要があるかという疑問も残ります。

一方、個別フォルダなら、容量が100%になれば、もう1冊準備し、中の書類を半分に分けるだけです。分冊に手間がかからないので、8割収納で管理がしやすいのです。

また、簿冊式ファイルは、カラーやサイズなど種類が豊富で選択肢が増える一方で、その統一感のなさからオフィス乱雑化の一因にもなってしまっています。一方で、個別フォルダは規格が統一化されているため、選ぶ時間がかからない、用品管理がラク、廃盤になりづらく、常に同じもので統一できるメリットもあります。

個別フォルダで収納効率アップ！

× 収納が非効率な簿冊式ファイル

◎ 収納が効率的な個別フォルダ

× パンパンの簿冊式ファイルを分けるのは面倒

◎ 個別フォルダを8割にするのは簡単

↓

POINT
・背幅分、表紙分のスペース不要で、収納効率がよい／8割収納にしやすい

3

効率のよさは一目瞭然

簿冊式ファイルと個別フォルダのアクション数

書類を綴じるために必要なアクション数を、簿冊式ファイルと個別フォルダとで比較すると、左ページの図のようになります。

簿冊式ファイルを出して戻すまでを入れると、1枚の書類を綴じるために約15アクション前後かかります。モノの片づけでも、たった1アクション増えるだけで、元の場所に戻せなくなるのに、書類をあるべき場所に綴じるために15アクション。1作業4秒としても1分、1日60枚の書類を扱う場合は、合計1時間も、書類をしまうことだけに費やしていることになります。

本来綴じるべき簿冊式ファイルの上に平積みしてしまうのは「ある程度書類がたまったら、まとめて作業しよう」と無意識に効率のよい方を選んでいるのです。

しかし、時間がたつとその上につい、また書類を置き、下の書類の存在は忘れてしまい、埋もれていく……という悪循環が生まれます。

対して個別フォルダは、アクション数が圧倒的に少なく、一つひとつの作業も非常にシンプル。もし、ちょうどいい高さに個別フォルダがあれば、1アクションで書類を元に戻せます。

作業ストレスが格段に減る

アクション数以外にも、個別フォルダのメリットがあります。

こんな経験はありませんか？ パンパンに書類が綴じられた簿冊式ファイルから1枚の書類を取り出すためにリングを開けた途端、他の書類があふれ出てきて、戻すというムダな手間が発生。しかも、リングの先がパンチ穴に刺されば紙がくしゃっとなり、指に刺されば痛い。微妙な力加減や指先の器用さ、作業の丁寧さが必要になります。

この作業にストレスを抱いた経験がある方は多いと思います。個別フォルダはこんなストレスからも解放してくれます。

簿冊と個別フォルダのアクション数の比較

簿冊のアクション数

① 簿冊を棚から出す
② パンチ取り出す
③ 綴じたい書類を2つ折りにして中央を探す
④ 穴をあける
⑤ ファイルを開く
⑥ 簿冊をいったん外す
⑦ 挟み込みたい場所までの書類をいったん取り外す
⑧ 綴じたかった書類を入れる
⑨ 取り出した書類を戻す
⑩ ファスナーをはめる
⑪ ファスナーをロック
⑫ 表紙を綴じる
⑬ 本棚に戻す

個別フォルダのアクション数

① 個別フォルダをキャビネットから取り出す
② 広げる
③ 書類を一番上に置く
④ 閉じる
⑤ 戻す

POINT

圧倒的なアクション数の差が、作業時間に大きく影響する！

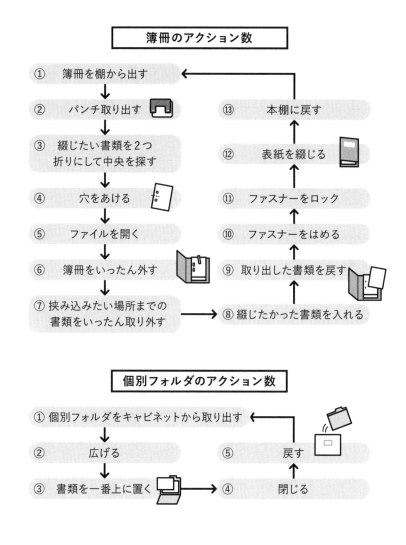

4 個別フォルダのメリット

探しやすい

簿冊式ファイルは背表紙にタイトルを詳細につけなければ、何に関する書類が入っているのか、全くわからなくなります。

加えて、背幅が違うので、文字サイズもばらつきやすい。個別フォルダは統一感があるだけでも、検索率が向上します。

軽いから、扱いやすい

簿冊式ファイルは背幅が厚いほど重くなります。複数冊持ち運ぶには両手が必要で、紙袋も丈夫なものでないと破れます。個別フォルダは1冊単位で持ち運べます。

コピーがしやすい

個別フォルダから1枚取り出すだけです。外すのが面倒で、簿冊式ファイルごと無理やりコピー機に押しつける、なんてシーンは見かけなくなります。

共有しやすい

個別フォルダは「情報の共有」を、簿冊式ファイルは「モノの私物化」を促す印象があります。机周りに置きっぱなしだったり、ほこりをかぶった簿冊式ファイルが多数置かれたり、その重みと強度でブラインドを押し曲げていたりするのも、よくある光景です。

建物の窓側は管理職の席であることが多く、そこを見れば、その会社の情報共有の状況がある程度把握できるのです。

人事異動時に引き継ぎやすい

人事異動に伴う引き継ぎの時、自分でも把握できていない大量の簿冊式ファイルをそのまま置いていっても、次の担当者にとっては迷惑です。

もし、個別フォルダで全書類が共有管理されていたら、引き継ぎの時、書類に関しては何もしなくてよくなります。

こんな使い方はNG！

×個別フォルダが1cmを超える量

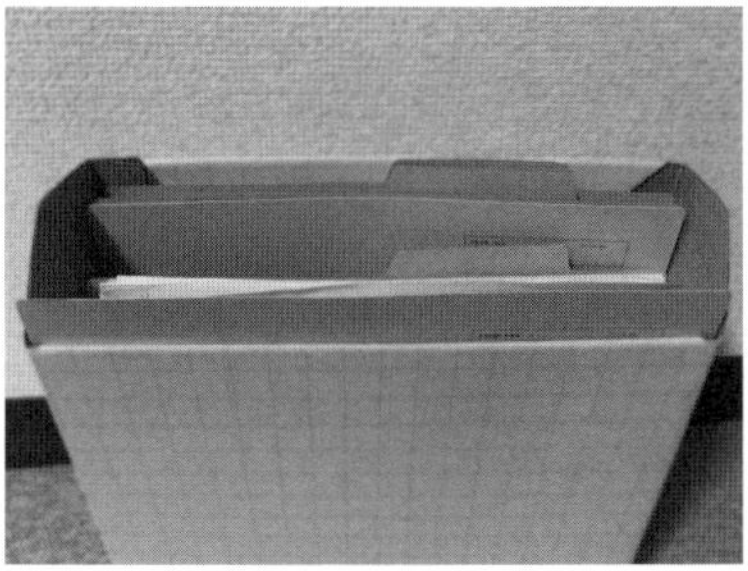

重みでタイトルが
埋もれて探せなくなる

×立てて使う

下から落ちる

×個別フォルダ化せず、
直接入れる

埋もれて探せなくなる

POINT

- 個別フォルダのメリットを最大に活かす使い方（ルールにそった使い方）をする。
- 収納の目的に合わせて最適な収納用品を選ぶ。
- 個別フォルダに入れさえすれば、よいわけではない。平積みや縦置きでは意味がない。

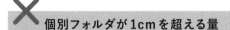

5 処分時まで効率的な個別フォルダ

全然違う処分の手間

書類が不要になり、簿冊式ファイルの処分時には、分別作業が発生します。

ファスナーは、プラスチック部分を全部外してから処分します。

金属でできたリング状の綴じ具を背表紙から外したことはありますか？　5センチの厚みの書類をしっかりとホールドするだけの強度を備えた金属部分を表紙と引きはがす作業は手間で重労働です。

この点、個別フォルダの基本は紙製なので、処分の時期が来たら、書類を入れたまま個別フォルダごとくくって処分することが可能。文書保存箱で保存していたなら、保存箱ごと焼却炉へ持参できます。

もったいない

中が空で、中古品の簿冊式ファイルが何冊も重ねて段ボールに入れられ、ロッカーの上や部屋の端に置かれているのをよく見かけます。

みなさんに理由を尋ねると、先の通り、「処分が面倒だから」と置いている、「まだ使えるため、もったいない」「購入時の値段が高かったため、捨てられない」など、様々です。

次に使うための管理がきちんと行き届いているなら、再利用するのは望ましいことです。でも、実際は結局忘れてしまって、その段ボールが事務所の片づかない1つの原因となっていることがあります。

また、「課長に中古は渡せない」という忖度から、結局新しい簿冊式ファイルを購入されていたケースもありました。

使うことだけではなく、使った後どうするか、いつ処分するかを購入時にイメージしてみてください。今後の散らかりを抑える意識改善につながります。

処分時も圧倒的にラク！

簿冊式ファイルのデメリット

- かさばる
- 環境によくない
- 丈夫にできている分カネの部分の引きはがしが大変

空っぽの簿冊式ファイルが置きっぱなし…

段ボールに入れっぱなし…

POINT
- 処分する際は個別フォルダごとくくるだけ！
- 使った後まで便利に管理しやすい。

6

目的によって使い分ける個別フォルダの種類

✓量を入れたい時はマチつきフォルダがお勧め

万能に見える個別フォルダですが、簿冊式ファイルからの移行時、よく不安に思われるのが1フォルダ80枚、約1センチ程度までしか入れられないことです。

そこで、個別フォルダにマチ幅がついている「**マチつきフォルダ**」を活用します。幅3センチまで収められるので大抵の稟議書・契約書・マニュアル類はまとめて入れておくことができます。

✓順番に綴じたい時はファスナー

面倒なだけのように見える綴じる作業ですが、順番が崩れないように綴じたい、落ちないように念のために綴じたいという場合もあります。

そんな時は、「**ファスナー**」を利用します。個別フォルダには切り込みが入った状態で販売されているため、ファスナーを組み合わせることで簿冊式ファイルのように綴じて使用することもできます。

✓個別フォルダを目的に合わせ柔軟に使い分けよう

マチつきフォルダは、使い方によってはとても便利です。

例えば、会計や経理のPCのソフト。A5サイズで、幅が3センチ以上の箱に入っているものをオフィスでよく見かけます。中途半端なサイズのせいか、本棚に書籍と一緒に並べられていることが多いのですが、中身を取り出し、マチつきフォルダに一式収納することができます。CD-ROM、説明書、ソフトウェアマニュアルなどがぴったり収まり、サイズが整って収納効率も上がります。

ファスナーは100円ショップで売っている透明のリフィルを組み合わせると、カード、はがき、CD・DVDまで、アイデア次第で様々なサイズのモノを管理することができます。

これらはすべて、A4サイズの個別フォルダで管理して、**規格の統一化を行なうこと**がポイントです。

工夫次第でこんなに便利！

マチつきフォルダ

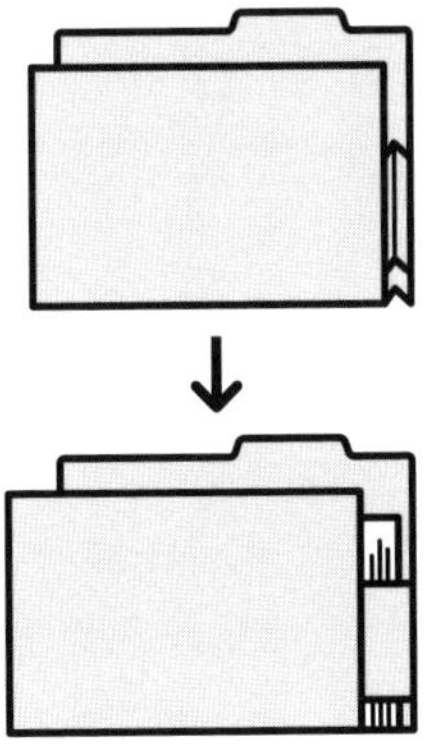

ファスナー

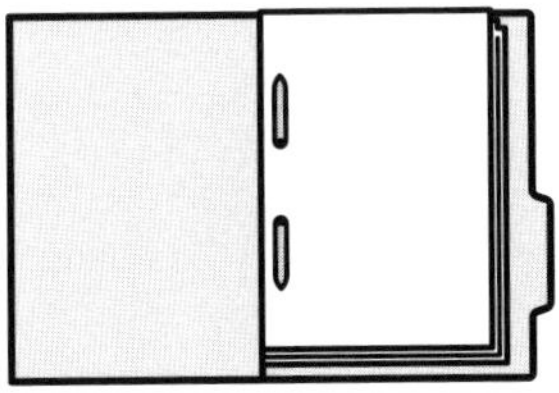

個別フォルダ+ファスナー

POINT

マチつきフォルダや、ファスナーを使えば簿冊式ファイルと同様に使える。

7 失敗できない個別フォルダの選び方

規格、強度、素材、価格

個別フォルダは最近、ホーム用など様々な商品が出てきています。規格違いなどを購入し、失敗するケースもあるので、気をつけるべきポイントをご紹介します。

まず、定番の個別フォルダとして、**一山タイプで見出し山位置の右側が5センチ程度あいているもの**を選んでください。ファイリングシステムは、「**1／6カットシステム**」（詳しくは本章10項）で構築するため、左・中・右などタブがついている三山タイプなど間違わないように気をつけてください。

次は素材。紙タイプとＰＰ（ポリプロピレン）タイプがありますが、コスト面、環境面、業務効率の点から、紙タイプを選んでください。使用頻度が高いフォルダや、屋外への持ち出し頻度が高いなど、紙だとすぐに破れそうな場合は、一部ＰＰ製を選ぶとよいでしょう。ＪＩＳの規格のもの、エコマーク対象のものもあります。会社の用品として購入する際は、自社方針等にそったものを選びましょう。

フォルダカラーは原則1色を調達してください。カラーでの情報識別は、見出しラベルで行ないます。

また、１００円ショップの個別フォルダは、強度が弱く破れやすい、ファスナー穴がないなどがあり、お勧めしていません。

調達時は慎重に！

初めて個別フォルダを買う時は、小ロットで一度手にしてから購入ください。まとめて一気に購入して思ったような商品でなかった場合、使いづらくても無理矢理、毎日使ったり、新品のまま置きっぱなしになってしまう可能性があり、マイナスでしかありません。

ファイリング用品のせいでオフィスが散らかっては本末転倒です。まずは整理を行ない、必要量の算出をして、確実に使う用品を決めてから注文を行なってください。

個別フォルダ選びの基本

フルオープンになるもの、
2辺・3辺綴じタイプはNG

一山タイプで見出し山位置の右側
が5cm程度あいているもの

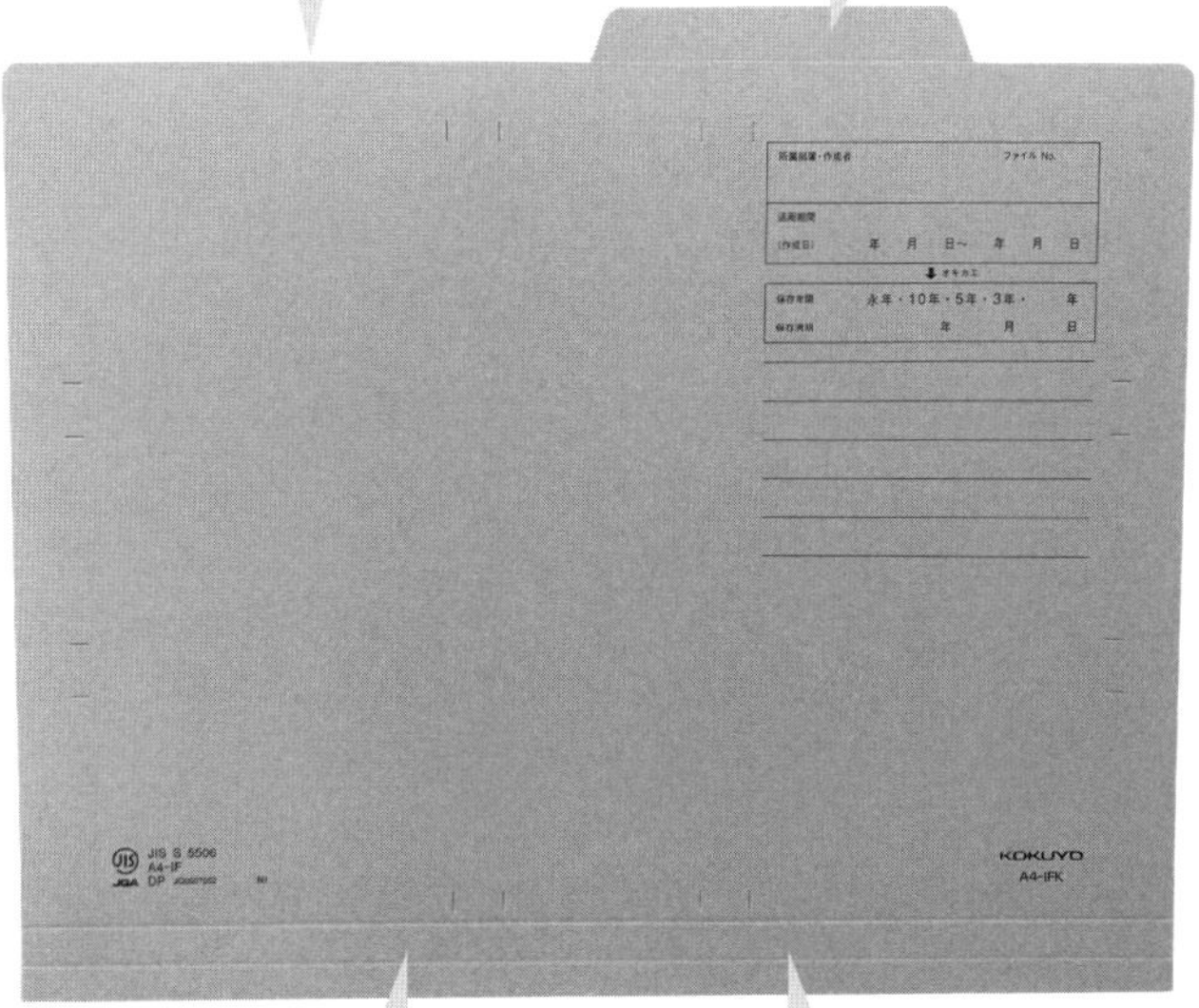

JISの規格のもの、エコマーク
対象のものなど、自社の方針
に合ったものを選ぶ

紙タイプが基本。
使用頻度が高い、屋外への持
ち出し頻度が高いなどの場合
は、一部PP製でもOK

POINT 毎日使うからこそ、失敗できない！

8 ファイルボックスの選び方

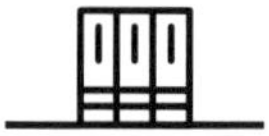

基本的にはボックス不要

通常、ファイリングでは、ボックスは必須ではありません。キャビネットに直接個別フォルダを入れ、付属の仕切り板で支えるからです。仕切り板がなく自立が難しい場合に、個別フォルダを立てるための収納用品として使われています。

ボックスが不要な分費用は浮き、出し入れのアクション数も減らせます。ただ、目線より上の棚に個別フォルダを置く場合は、収納効果を得るためボックスを活用します。

購入するなら紙製を

ファイルボックスは、文具メーカーがファイリング用品として販売している、1つ300～400円程度のものをお勧めしています。ここでも、100円ショップの商品など安価なものを選ぶと、数ミリ規格が小さく個別フォルダがまっすぐ収まらなかったり、運んでいる最中に底が抜けてしまったり、片手で持つと持ち手が破れたり……と、様々なトラブルが起こります。

「だったら、プラスチックボックスを検討しよう」という方がいるのですが、プラスチックは書類を入れると重く、また、スタッキング（積み重ね）のために先がすぼんでいるタイプのものは、書類を入れるのには向きません。何より、オフィスの場合は廃棄までの一連の効率性から、紙製のものがお勧めです。

もちろん、サロンやデザイン事務所等で、インテリア性を求める場合は、布や皮製等こだわりのモノを使われるのもよいでしょう。ただしこの場合、数年後に、同じデザインのモノが販売中止されているケースもありますので注意してください。

ファイルボックスも実際に使ってみないと気づかない小さなデメリットが多々あります。出し入れのたびに、ストレスがかかると、無意識にその作業を避け、散らかっていきますので、妥協せずしっかり選んでください。

ファイルボックス選びのコツ

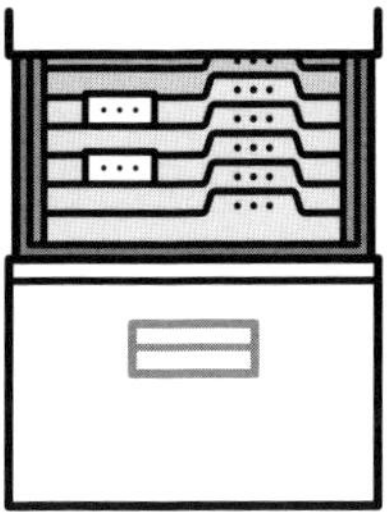

☑ 基本は机の引き出しやキャビネットに

☑ 出しやすい・ボックス代不要

◎ 強度があるものを選ぼう

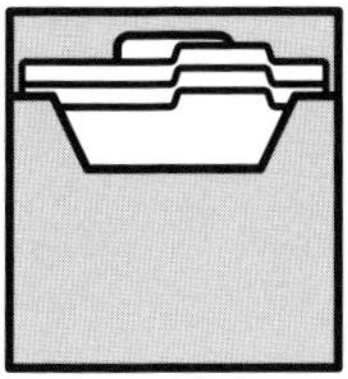

☑ 強度・重さ・費用のバランスから紙タイプがオススメ

× ファイルボックスは100均はダメ

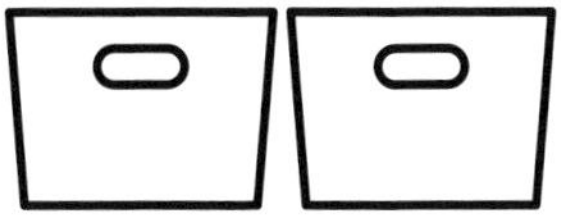

☑ 底が抜ける［紙タイプ］

☑ スタッキング式なので隙間スペースが出てしまう

☑ 個別フォルダが斜めに入り、出し入れしにくい

［プラスチックタイプ］

POINT

- **机の引き出しやキャビネットを使うなら、ファイルボックスは不要。**
- **購入時は、強度や規格に注意。処分時のことも考え、紙タイプを選ぶのが基本。**

9 ファイリングの簡単ルール

慣れれば簡単！　個別フォルダの使い方

個別フォルダの使い方には、ルールがあります。まずキャビネットから取り出す際は、**個別フォルダを右手で取ること**。この時、見出し山は持ちません。ここから傷むからです。

そして、右下に見出し山が来るように開け、**右側に書類を置きます**。そして、左手で左側をフタのように重ねて閉じます。理由は、山位置を反対にして使うと、個別フォルダの中で書類の上下が逆さまになってしまい、また、左側に書類を置くと表裏が混じってしまうからです。

キャビネット内の書類は左から右へ。左からのぞいた時にフォルダタイトルが見えるように、個別フォルダを置きます。ボックスで導入する時も準じてください。右利きの人がムダのない動線になるように設計されていますので、このルールに慣れましょう。

個別フォルダを太らせすぎない

入れる書類の量も厳守です。基本は、**50枚±30枚、20枚から80枚**とされています。数枚1フォルダにして、10フォルダ作ってしまうと、薄すぎて出し入れしにくく、検索効率も下がります。

どうしても細かく分けたい場合は、個別フォルダの中で、仕切り紙や付箋、クリアフォルダを使って分類をしながら個別フォルダを合冊し、厚みの調整を行なうとよいでしょう。

逆に、100枚を超え、厚みが1センチ以上になると、個別フォルダが太り、重みで背表紙ごと見出し山が埋もれて見つからない、重くて取り出しにくい、つかみにくいなどの事象が発生します。この場合は個別フォルダを2冊以上に分冊する、もしくはマチつきフォルダを利用しましょう。

分冊するのが面倒でつい太らせてしまう方もいますが、新品の個別フォルダを文房具置き場ではなく、キャビネット端など、よく使う便利な場所に置いて、その場で分冊できるしくみにしておくと、面倒さも半減します。

ファイリングの基本ルール

個別フォルダは右下に見出し山

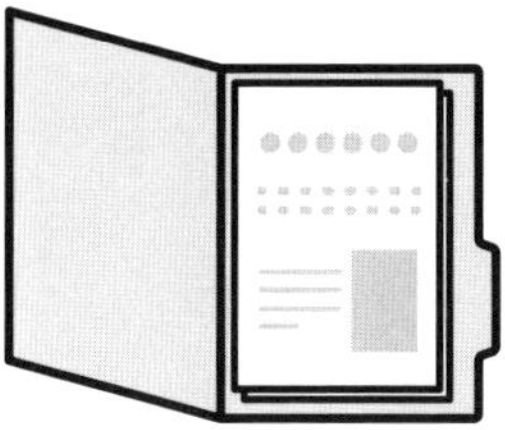

- 個別フォルダ50枚±30枚
- 見出し山を持たない
- 山を右側
- 書類は右側に入れる
- 底は折らない

手前から奥　　　左から右へ

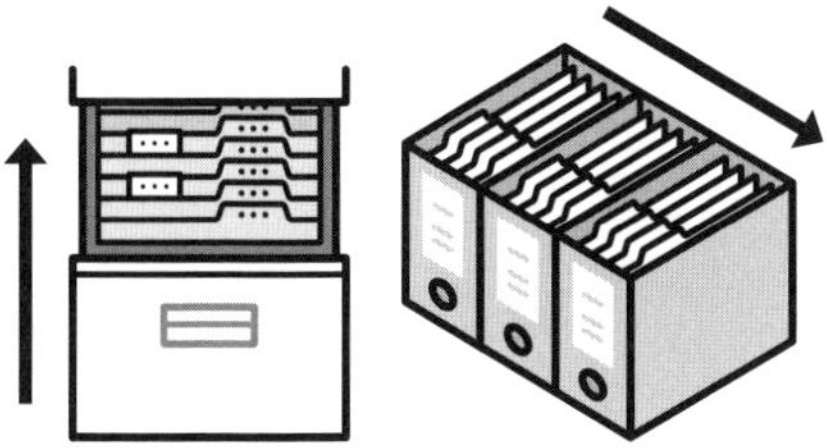

キャビネットの基本は「Z」

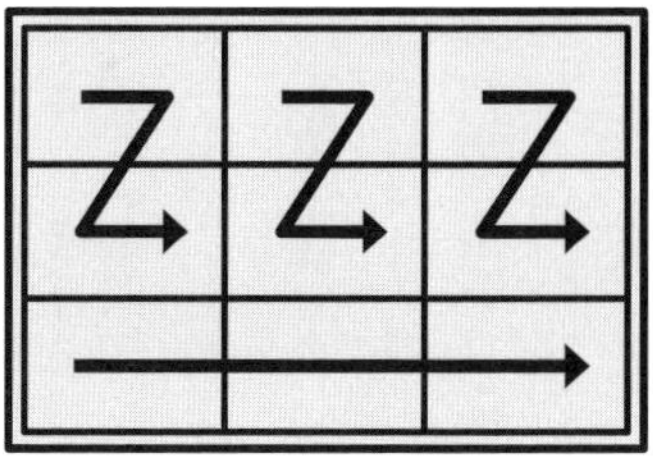

POINT
- ルールを守ることできれいをキープ。
- 例外が出始めると、散らかる→検索性が下がる→また悪循環に陥る。

10

1枚の仕切りが大活躍！「必須ガイド」

目的の書類を探す案内板

個別フォルダが100冊、200冊と大量に並んだ時、「ここからここまでは経理、ここからは人事」と分けたくなりますよね。その分類タイトルの仕切り兼見出しが**ガイド**です。

個別フォルダと同サイズの厚紙で、左ページ図の通り、一番左1／6のスペースの山を「第1ガイド」と呼び、「大分類」を表示します。左から2番目が「第2ガイド」と呼び、「中分類」を表示します。

例えば、大分類が人事、中分類が採用……とたどり、必要な個別フォルダを探すイメージです。ファイリングには必須のアイテムです。

8割収納を叶えるガイド

ガイドを使用することで、収納の原則である8割収納が可能になります。

ガイドが利用されていないせいで不便な状態としてよくあるのは、例えばキャビネット1段目に経理、2段目に人事と、引き出しに対して分類の意味をつけ、個別フォルダを入れているケースです。

1段目の経理には書類がぎゅうぎゅう詰めの一方で、2段目の人事には5割程度しか入っていない、という状態になります。この状態だと、経理の書類を出し入れするたびに一苦労。これではアクション数が増え、非効率ですよね。

ここで、ガイドの出番です。1段目の書類がキャビネットに対して8割になるように、後半の2割の書類を取り除き、2段目に収めます。ここでガイドを入れ、続きに人事のフォルダを入れます。

仕切られてさえいれば、探す時に場所が違っても迷うことがありません。年度途中に新たな書類・個別フォルダが増えても、スペースを柔軟に対応することが可能になるため、常に全体を8割に保つことができるのです。

ファイリングの重要ポイント「ガイド」

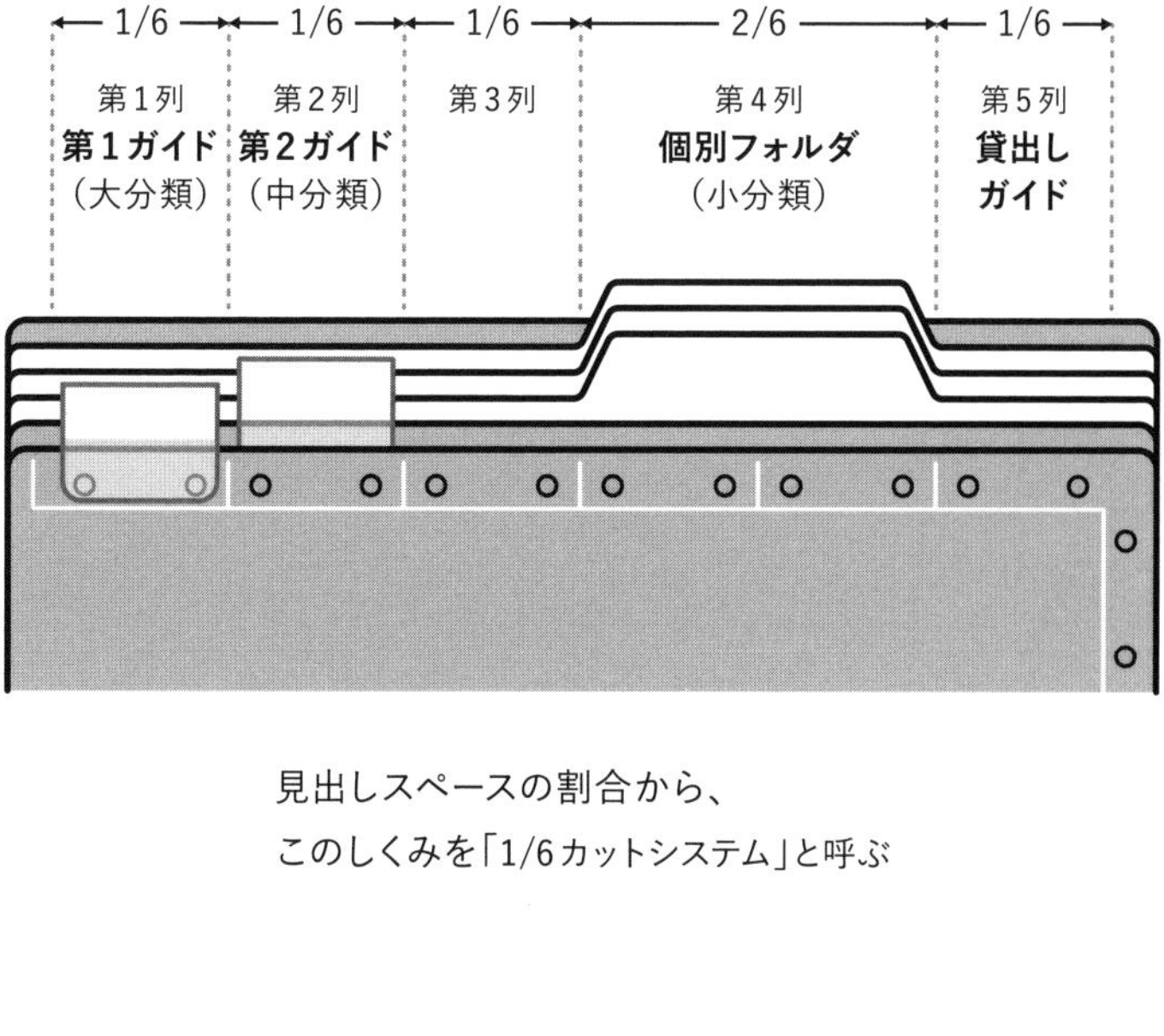

見出しスペースの割合から、
このしくみを「1/6カットシステム」と呼ぶ

POINT

- **分類を示す仕切り板「ガイド」は、８割収納のためにも必須！**
- **ガイドなしにファイリングは成立しない。**

11

使い勝手が一気に上がるラベルシール

カラーのフォルダラベルで工夫

個別フォルダのタイトル部分は、鉛筆でもかまいませんが、カラーラベルシールに印字し、個別フォルダに貼ると検索性が上がります。

第2ガイド（中分類）ごとに色を変えて貼り、原則は5色を繰り返します。個別フォルダで色別分類するよりも、**ラベル色で分類をした方が、在庫を最小限に抑え柔軟な運用が可能**です。

色覚が示す情報は強く、タイトル部分の色が違うだけで「違う種類の情報の書類を持っている」ということが一目でわかります。

さらに、元に戻す時、「赤はこの辺かな」と、ほぼ無意識で戻す場所にたどり着けるので、タイトルを見る↓戻す場所を考える↓探すという思考のアクションごと省略できます。

戻すのが苦手な人でも、ここまでしてあれば「だいたいその辺に戻す」ことができるでしょう。片づけのハードルが下がることが、リバウンドを防ぎます。実際、企業のファイリング導入時や個人レッスン時も「貼ったら圧倒的に違う」「わかっていたけれど、ここまでとは」と声をそろえておっしゃいます。

印刷はプリンタ対応のＡ４のフォルダラベルに、次章でご紹介する「**ファイル管理表**」をエクセルで作成し、差し込み印刷を行ないます。

印刷が手間なら、カラーペンで線引きだけでも

ここまでしなくてもいいと思われる場合は、分類ごとにカラーのマジックで印をつけたり、線を引いたりしてもいいでしょう。

負担のない方法でよいので、色分けまで行ない、無意識に出せる戻せるを体感してください。

ラベルシールで一気に使い勝手が上がる

✕ カラーラベルなし：一瞬で判別できない

◎ カラーラベルあり：出す時も戻す時も迷わない

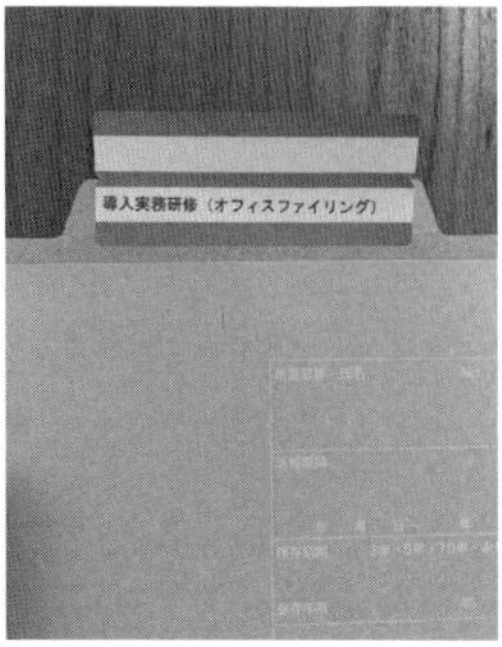

シールは片面だけにタイトルを書いて貼る

→ タイトルが書いてある面をそろえて並べる

POINT

- 色で分けると、戻す場所が無意識にわかる。
- シールが無理なら、目印だけでもOK。

個別フォルダのバリエーション

個別フォルダというと、一昔前は、定番商品の色違いがある程度だったのですが、最近はホームファイリングを中心に考えられたような、インテリア性の高い、真っ黒や真っ赤な色の個別フォルダも販売されています。また、カラーバリエーション豊かなPP製個別フォルダや、PP製のマチつきフォルダなども出ています。

原則はもちろん単色管理ですが、これをうまく使えば、「持ち出し書類、緊急書類、頻繁に使う発注書類の3つだけは、赤い個別フォルダで管理」など、色と管理を組み合わせた運用も可能になりますね。業務効率がよくなって便利ですが、カラーにこだわりすぎて、後々の在庫管理が面倒にならないように気をつけましょう。

また、スケルトンの個別フォルダもあります。中にどんな書類が入っているかが、一目で把握できます。PP製なので、カバンの中に入れて持ち歩く時なども形がゆがんだりしにくく、水分にも強いので、お勧めです。ただし、商品によっては薄っぺらすぎて、自立しない商品もあるので、購入前に注意が必要です。

私が個人的に好きなのは、閉じた時に5mmほどの段差ができるように作られている個別フォルダです。指を入れるスペースであけやすいのです。規格にそった便利な個別フォルダが増えるのはうれしいことです。

いろいろな収納用品を見ると、つい買いそろえたくなってしまいますが、やはり、基本は紙製の個別フォルダです。PP製のモノは丈夫である分、コストがかかります。何より、個別フォルダは書類とともに年月がたつほど使用頻度が落ちるため、使用期間が終了した個別フォルダにそこまでの耐久性は不要です。

処分時の手間や、環境面の配慮から見ても、オフィスでは原則、紙製の個別フォルダを利用してください。

第4章

ファイリング導入のための準備と整理

1

事前準備は全体量の把握から

ステップ0は書類の量を把握することから

いよいよファイリングの実作業に入ります。基本的な作業手順は左ページ図の通り、ステップ1からステップ6まであります。通常はステップ1の「書類の要不要を分ける＝整理」からスタートしますが、実作業を効率よく行なうためには様々な準備が必要です。第4章では、このファイリングの作業をするための事前準備（ステップ0）と、書類の整理（ステップ1）についてご紹介していきます。

　事前準備でまず行なっていただきたいのは、**今から自分が取りかかる書類についての量と場所の把握**です。机の中や周辺以外にも、少し離れた場所に段ボールのまま置いていたり、数冊だけ共有できるようにと別の場所に置いていたりしませんか？　職場には置く場所がないため、自宅に持ち帰って置いているという方も珍しくありません。

　こんな風に、場所が数カ所以上になっていてヌケモレが出そうな場合は、あとで大きな二度手間になるので、必ず「ファイリングを行なう量と場所の把握」を実践してください。あまりにばらばらに置かれている場合は、「机の中に何冊程度、足元に何冊程度」と、ざっくりリスト化されるのもよいでしょう。

写真で記録するのもお勧め

書類の量と場所の把握の作業と同時に、作業前の記録を兼ねて写真撮影をお勧めします。あとで「片づける前は、ここに置いていた気がする」と迷った時にも有効です。段ボールはあけたまま、引き出しも引いたままで、現在の書類の状態を撮影していきましょう。写真で自分の机周りの現状に絶句し、作業へのモチベーションアップや、数カ月後に写真を見返すと、「当時より片づいている！」と達成感を得て次の作業へのやる気につながるなど、意外な効果もあります。

　ただし、社内撮影をする際は、事前に許可が必要な場合があります。外部への流出にもご注意ください。

作業の手順

step0	**準備をする** … 事前に写真撮影。進行具合も記録していく。
step1	**要不要を分ける** … 不要な書類を処分する。
step2	**個別フォルダ化する** … 1cm程度、タイトルがポイント。
step3	**分類する** … 使う目的に合わせ、まとめる。
step4	**ファイル管理表を作る** … 手持ち書類の一覧表を作成。
step5	**ラベルシールの印刷をする** … フォルダタイトルを印字する。
step6	**フォルダラベル・ガイドを差し込む** … シールを貼って完成！

POINT
・手順一つひとつはシンプルで簡単！

2 スケジュールを立てて作業を始める

✓ゴール日程の設定

事前準備で次に行なうのは、スケジュールの作成です。整理や個別フォルダ化など1つの作業に何日かかるかを、89ページのステップ0からステップ6を参考に設定してください。コツは、「机の上の書類の整理に1日10分として約○日。足元の整理を○日、フォルダ化完成に約○日……」と、具体的に作業をイメージしながら、かかる日程を見込んでいくこと。そのまま出勤日に合わせ、カレンダーに書き込んでもいいですね。前項でお伝えした事前準備で先に書類の量を把握していると、ステップ1の作業量も見込みやすくなります。

また、想定の1・5倍から2倍のバッファを持たせ、ムリのないスケジュールにしておくこともコツです。もちろん完成を急ぐ方は、ゴール日から逆算してスケジュールを作成するとよいでしょう。

✓最初に手に取る書類は「進行中の書類」

スケジュールを決めて、ステップ1に行く前に、**「現在進行中業務」の書類を、個別フォルダ化**します。そして、その個別フォルダの仕事中・帰り際の置き場所を確保してください。

これを要不要の作業の前に行なう理由は、**個別フォルダの使用感に慣れる**ことです。数日もすれば、やりかけの仕事書類が活用時にすぐ見つかるという効果と利便性も、感じていただけるでしょう。

そして、もう1つの理由は、**作業中の紛失を防ぐ**ためです。今から多数の書類を出し、机の周辺で整理や個別フォルダ化作業をするため、明確に別管理しておかないと、「現在進行中の書類が行方不明になる」という事態が起こりかねません。お昼休みに少し作業に取りかかり、さあ、午前中の仕事の続きを……と思った時に、仕掛かりの書類がない。今やるべき仕事の書類を探さないといけない。こうした最悪の事態を避けるためにも、進行中の書類の管理体制を先に整えておきましょう。

作業手順ステップ0の準備をしよう

「現在進行中」の書類を個別フォルダ化

↓

いつも作業中は「ここ!」という
置き場所を確定

(例)机の端、引き出しの一番手前など

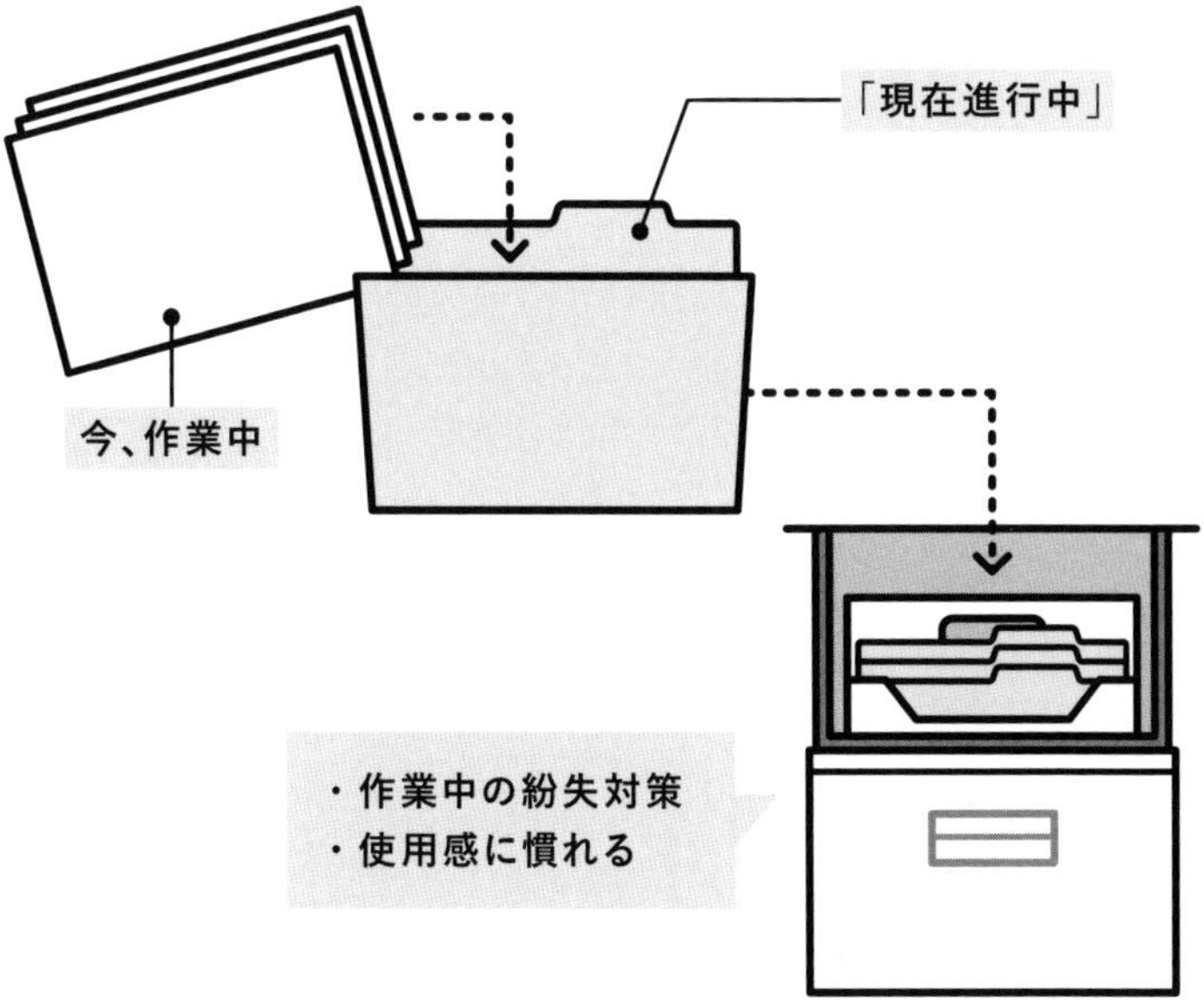

POINT

- 進行中の書類は特別扱い。ここから取りかかる。
- 作業中の書類の場所を最優先に確保することで
紛失を防ぐ。

3 書類を整理しやすくするための準備

✓平積みのままだとうまくいかない

次は、机の上の平積みの書類を立てていきます。ここでは個別フォルダ化するのではなく、まずはファイルボックスや、ブックエンド、段ボールなどを使い、とりあえず短時間で可能な限りの書類を立てます。

これから整理を進めるにあたって、**立っている方が効率よく進みます**。平積みのままだと、つい、その上にまた書類を置いてしまうのを防ぎます。

書類を立てることで、奥に落ちているモノが出てくれば拾い、ほこりが見えたら、もちろん拭いてください。今からファイリングが完成するまで、この状態で過ごすことになります。ここで作業を中断し翌日以降に持ち越しても、仕事には支障がでない机の状態になるよう、その都度整えておきましょう。

✓使う・活かすに意識を向ける

書類整理のコツは、**立てた書類を端から数センチ程度、「10分程度で整理が終わると見込める、ひとかたまりの量」を取り出す**ことです。それから、1枚1枚内容を確認し、ステップ1の「要不要」の作業をしていきましょう。

この時やりがちなダメな作業は、本のようにつかみ、パラパラと見て、明らかに不必要な書類だけを取り除くことです。確かに、この作業でもやらないよりはずっといいのですが、「いらないもの」に注意がいくため、「今後、活用する書類・情報」の把握はできません。1冊丸ごと不要ならば、パラパラでもかまいませんが、迷う書類、必要だと考える書類が続く場合は、1枚1枚手に取って判断してください。その作業の過程で、ここに、どんな書類があるかを把握し、記憶に戻すことに大きな意味があります。

この段階で必要と判断された書類は、「**今後、活用する情報資産**」として選ばれた書類です。この作業をどれだけ丁寧に行なうかで、完成後のファイリングの質が大きく変わる大切な工程です。

片づけ作業は「立てて置く」が基本

ブックエンド、段ボール、余っているファイルボックス、
100均カゴなど、何でもOK。
この作業のために収納用品を買わないようにしよう！

POINT

- 平積みになっている書類を、とにかく立てていく。
- 処分する書類を選ぶ作業は、「今後、活用する書類」選びにもつながる！

4

1日10分作業で少しずつ進めよう

一気に作業するのをお勧めしない理由

書類の要不要を分けるコツは、「10分程度で整理が終わると見込める、ひとかたまりの量を取り出すこと」と述べましたが、これはどの片づけ作業でも必要な心がまえです。

職場も家も、書類もモノも、自分一人で作業する際は、**「毎日少しずつ」が基本**です。1日10分〜15分、業務時間中が厳しい方は、お昼休みの10分程度でもかまいません。これで週におよそ1時間、1カ月で4時間分、作業を行なっていることになります。

「今日1日で全部」「休日出勤1日で」と一気に作業に取り組むと、「もう収拾がつかないのでは……」と思うくらい大きく散らかります。最初は気合い十分でも、徐々に集中力が落ち、段々とうんざりしてきて、作業も雑になり中途半端に終了。作業中は達成感や効果を感じることはなく、精神的・体力的な疲労ばかりがかかり、「モノの片づけ・ファイリング＝面倒なだけ」という印象だけが残ります。

こうなると、余計に取りかかるのがおっくうになり、今よりひどい状況になることが予想されます。もし、これまでの自分に思い当たる節があるなら、今後は短時間作業の進め方で、この連鎖を断ち切ってください。

無理な作業は続かない

また、作業を1人で一気に行なうということは、自分との戦いです。「気合いと根性」というモチベーションに頼る作業はつらいものです。

ちょっと立てたり区切ったりの作業でラク・便利を実感しながら、「もう少し作業したい」と思うタイミングで、あえて作業を持ち越すと、「明日も作業の続きをしよう」となります。

「10分程度」と時間を区切り、あえて作業を中途半端に終えることで、毎日のモチベーションを保ち、続ける習慣が自然と身につくようになるのがファイリングの成功の秘訣です。

1日10分習慣化のコツ

思考習慣

- ☑ 何のためにこの作業をするのか、目的・本質を常に意識する
- ☑ 全体の中で今どの作業をしているのか、把握しながら進める
- ☑「やらなければ」の義務感より「使いやすくするぞ」のワクワク感で作業する
- ☑ 0点か100点（できた、できていない）かではなく、70点でよしとする
- ☑ 日々の小さな結果・達成に目を向ける
- ☑ できなかった時に自分を責めない

行動習慣

- ☑ 小さく、すぐ始める
- ☑ 長時間作業しない、苦しい作業にしない
- ☑ 気合い・根性・モチベーションにはムラが出る → 1日10分だけ取りかかる
- ☑ 物足りないくらいでやめる → もっとやりたいという行動につなげる
- ☑ 日程に余裕を持たせる
- ☑ 時間対効果が出るよう心がける
  （例）「30分しか作業してない割に、いい結果が出た」と思える進め方
- ☑ 今日10分でどこまでやるかを決めて取りかかり、達成感を得る
- ☑ すぐ行動すれば、すぐ結果が出る

POINT **習慣化すれば、特に意識しなくても、モノも書類も片づくようになる！**

5

要不要は、会社のルールにそって判断する

社内規定を確認しよう

それでは、いよいよ書類の整理からスタートしましょう。といっても、どうやって書類の要不要を判断したらよいのでしょうか。

貴社に文書管理のルールはありますか？　そこには「〇〇の業務書類は何年置いておく」「〇年で処分する」などと記載されているでしょうか？

まず、文書管理ルールがあるかどうかすらわからない場合は、確認してください。自分の部署の上司、あるいは総務管理部門に確認を行なうとよいでしょう。

ルールがあれば、これに従うだけです。法定保存年限も踏まえた上で作成されているので、定められた期間を過ぎているものは、処分をしても原則的には問題ありません。

社内規定がない場合は自分のルール作りを

問題は、社内にルールがない場合です。総務に「作ってほしい」と依頼して簡単にできるものでもありません。だったら、自分用に一定の基準を持ちましょう。

この時、法定保存年限を最優先にし、それ以外の手持ち書類は「社外の照会文は〇年、会議の打ち合わせ資料は〇年」と、だいたいの決まりを最初に作っておきます。今後はそれにそって判断していくだけ。簡易なメモ程度で十分ですし、作った基準を上司に相談・報告しておくとベターです。

文書管理の一覧表でリスク回避も

文書管理の方針・文書種類別の保存年限の一覧表があれば、自分はもちろん、その他多くの社員が整理の基準で悩まずにすみ、また企業側としても社員ごとに判断基準が変わるというリスクを避けられます。

文書管理のルールは、本来あってしかるべきものです。これが存在しない、またはあっても周知されていないなら、各社員が書類を机の上に山積みにしてしまう状況は仕方がないことです。まずは自分用のルールを持ち、自分から解決していきましょう。

文書管理規程の例

文書管理規程

第1条（目的）

本規程は、文章の作成、受発信、保存等文書の取り扱いについて規定し、文書管理の正確性と迅速な処理と○○○○○、および基準の明確化により円滑化を図り、○○○○○を目的とし、必要な事項を定めるものである。

第2条（適用文書の範囲）

本規程の適用を受ける文書とは、業務を遂行する過程で作成または取得した社内外に往復する書類・書状、規程、通達、稟議書、許認可文書、決算書類、契約書、報告書、○○、○○の紙面を利用した記録の他、IT機器・DVD、CD-ROM、○○、○○等、その他会社業務に必要な一切の記録をいう。

第3条（私有禁止）

業務を遂行する過程で作成または入手した文書は、すべて会社組織内で管理し、私有してはならない。また文書は、所属の責任者の許可なく持ち出しまたは複製し、その内容を他に漏洩してはならない。ただし、○○○○○の場合を除くこととする。

第4条（責任）

各部署に1名文書管理責任者を置かなければならない。文書管理責任者は、○○○○○、○○○○○作業を行なう際に責任者となり、指示を行なう。また文書管理責任者が年度内に何らかの理由で不在となった時には、○○○○○手続きを行ない、新たに定めることとする。

第5条（言葉の定義・保存期間）

書類に関連する用語の定義については、別表1○○○○○用語集に定めることとし、文書の保存期間は、別表2に定める「文書保存年限一覧」によることとする。

・
・
・

6 ルールがない場合の要不要の考え方

✓原本かコピーか

書類の価値は**「原本か、コピーか」で大きく変わります**。例えば、契約書でも署名捺印があり収入印紙の貼られた原本と、そのコピーとでは全く価値が違います。手元にあるのがコピーなら、処分しても、発行元の組織・人が持っているので、再度入手も可能です。

自分が持っている書類が原本である場合は、それを踏まえて保存期間を検討しましょう。

✓迷うということは、必要ではない

いざ書類を手に取ると、必要か不必要かは即判断される方が多いです。時間がかかるのは、迷う書類。しかし、これまで見てきた「原本」「法定保存年限」「現在進行中の案件」「即必要と判断した書類」など、絶対必要な書類は「即必要」と判断できています。ということは、**「迷う＝絶対に必要ではない」**とも考えられます。

もちろん、これをルールにするのは無理がありますが、ひとつの考え方として知っておくと、迷う書類の見方が変わります。

オフィスファイリングの研修でも書類整理のひとつの判断基準例としてご紹介するのですが、効果は絶大です。「今まで『必要だから処分をためらう』と思っていたが、逆だと気づいたら、何の不安もなく手放せた」「無意識に必要な書類はきちんと選んでいるのだと思った」「迷う書類ばかり、不要かもしれないという前提で別の1カ所にまとめたら作業スペースがすっきりした」「『処分はしないけれど本当は不要。自分が異動する時に責任をもって全部処分する』と決められた」などの感想をいただきます。

様々な人の判断基準や新たな価値観を知ることで、日々の自分の判断の積み重ね方が変わり、これまでと状況が大きく変わっていきます。こうした効果もあるため、研修やミーティングなど、社員同士で書類について考える時間もとても大事な機会です。

処分を迷うか・迷わないかを ひとつの判断基準にしてみる

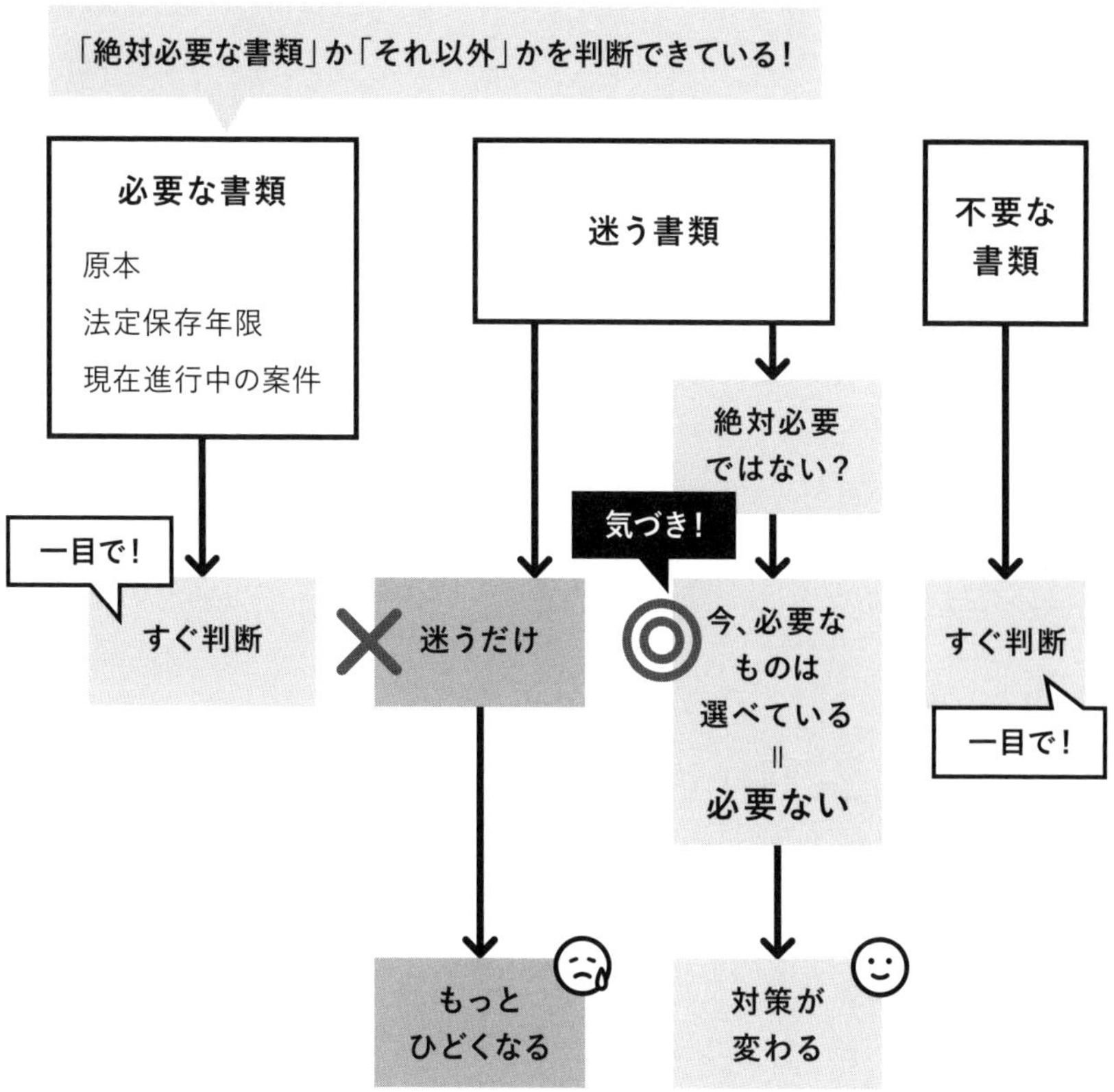

ちょっとした気づきで判断基準が変わり、
片づくようになっていく！

POINT

- 原本とコピーでは価値が全く違う。
- 新たな気づきが、整理の判断基準に大きく影響する。

7

それでも処分を迷う書類の考え方

✓もし、この書類がなかったらどうするか

迷う書類は処分してもいいとはいっても、実際問題、難しいものです。そんな時は、「もし、処分した後で必要になったら、どうするか」を考えてみましょう。

「元データがあるから、それを見る」というのはよくある考え方です。代わりの手段で確認できるなら書類は手放すというのもひとつの基準です。

ただし、「そのデータがPC内のどこにあるかわからないから、紙を置いておきたい」というケースも。これは悪循環の典型例です。データ整理のめどがつくまで置いておきましょう。

書類には「データファイルがあれば処分」と付箋を貼って、別場所に管理しておけば、データが見つかった時にすぐ処分できます。

「再発行の依頼ができる相手かどうか」もポイントです。例えば、相手が身近な同僚で、必要になった時には頼めばいいと思えるなら問題ありません。しかし、クライアントから提供された資料なら、再依頼は難しいですよね。業務として依頼してもいい相手・内容なのかもポイントになるでしょう。

そういう意味では、「自社内作成資料は処分、外部から入った書類は何年置いておく」というのも、合理的なルールです。

✓発行元に再発行可能か確認することも

手元にある古い社内システムのぶ厚い操作マニュアルについて、「もう使わないので、処分検討中です。必要になった時には、お借りすることは可能ですか」と、発行した部門に尋ねた方がいました。回答は「問題ありません。貸し出し対応可能です」というもので、すぐに処分が決定しました。

もし、「貸し出しは不可です」という回答なら、「迷う」から「必要」に変わっていたでしょう。前提条件が結論に影響を及ぼす場合は、条件を確認することで、納得した答えを導き出せます。

処分した後で必要になったら、どうするか？を想定する

① 「元はデータで残っているから、再度見ればいい」
「再発行できる」「3分程度、操作方法を説明すればいい」
「業務上大きな影響ない」

↓

手放す

② 「顧客名簿を失うも同然、復元も不可能」
「再発行できない」「業務上大損害となる」

↓

置いておくべき

③ データがあれば処分OKだが、データがどこにあるかわからないから置いておく

↓

「データが出てきたら処分する」とメモ書きし、
個別フォルダ化して置いておく

対策をして置いておく

POINT いざというシーンを想定し、対応できるかどうか具体的にイメージして決めよう。

8

最後まで迷った書類の判断は上司に相談する

最終的には上司の判断に従う

判断に迷った場合、最終的には上司に相談し、指示を仰ぎましょう。

ただし、書類の管理ルールのない組織は、上司の考えに大きく左右されます。上司自身もファイリングの重要性を認識し、的確に判断してくれる場合はよいのですが、「とりあえず置いておいて」という返事しか返ってこないケースもあります。

このような場合であっても、もちろん上司の指示に従いますが、「いつまで置くべきか」相談できるとベターです。

そして、上司の判断で置いておくと決まった書類は、共有スペースに置きましょう。組織として必要な書類ということなので、堂々とスペースを確保してください。ファイリングシステムとしてあるべき姿に戻るだけです。

その書類には「**何年何月、○○係長判断**」「**○○年まで保管**」とメモを書いておけば、次に自分以外の人が判断する時の参考にもなります。

進めやすい上司の時は作業のチャンス

上司に相談した時、「他の部署はどうしているか、全部署に連絡して調べて」「前任者はこれまでどう判断したか、確認したか？」「君はどうしてこの書類をいらないと思ったのか？」「そもそも○○文書というのは……」と、せっかく一念発起したのに、本題の相談ができなくて一向にファイリングが進まず、うんざりする人も少なくないようです。

自分の思ったようにファイリングが進まないのは、組織仕事だからこそ発生する問題です。そのため、もし今が相談しやすい、よいコミュニケーションが取りやすい上司や同僚に恵まれ、仕事を進めやすい状況なら、まさに今が書類の見直し作業のチャンスです。

上司に相談する時のコツ

◎ 結論から伝える

「○○書類について処分したいのですが、ご相談させてください」

「○○の棚の簿冊式ファイルについて、個別フォルダ化したいのですが、よいでしょうか?」

× 相手が答えにくい質問、答える時間がかかる質問

「この書類どうしたらいいですか?」

↓

相手に、どうすべきかを考えさせることになる。望む答えはもらいにくく、いたずらに時間がかかる。

対策1:自分はどうしたいか、相手にどうしてほしいかを明確にし、質問をする

(例)「年度末に処分したい」「処分書類に、万が一置いておくべき書類があってはいけないので確認してほしい」「個別フォルダ化したい」
「○年度までは処分して、○年度からは個別フォルダ化して、ここに置きたい」
「移動させたい」「ここに置きたいので、このスペースのモノを片づけたい」 など

POINT
どうしたいかが明確だと「○○したいのですが、いいでしょうか」と質問が具体的になる。
→ 基本的に「はい・いいえ」が相手の回答になる

対策2:どうしたいかの答えが決まらない場合は、選択肢を準備して質問する

(例)「今すぐ処分するか、年度末処分かどちらがよいでしょうか」
「こちらの場所に移動するか、個別フォルダ化してここへ置くか、もしくは……」

POINT
- AかBかCかと聞かれれば、相手は答えやすく、AとCの折衷案としての回答も得やすい。
- 選択肢を準備しておくと、相手も回答しやすく、スムーズに進みやすい。

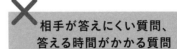

9

「念のため」書類を減らす整理力

整理力は仕事力そのもの

ある社員の方が要不要について、上司に相談しました。

書類に目を通し数秒考えた後、「捨てようか。あとで必要だと言われることは99％ないね。もし、その件で何かあったら、私が説明して対応できる範囲だから大丈夫」と言ってくださったそうです。この上司の方は、整理力が非常に高い方だと思いました。

整理とは、不必要なものを取り除く、分けるということ。そのため、要不要という二択の時は、「あとで必要だった・捨てなければよかった」と後悔を伴う判断ミスが発生する恐れが常にあります。それを避けようとすると、「念のため、とりあえず置いておく」になるのです。

しかし、これは判断と決断の先送りです。そして、その結果が、現在の机の状態です。今、先送りにすれば、苦しむのはこの先の自分です。

だからこそ、一歩踏み出して、「処分した書類が必要になった場合に、リカバーが可能かどうか」を考えてみましょう。その結果次第で、「念のため書類」は徐々に減っていきます。

整理には判断力・決断力が必要ですが、会社書類の整理に関しては、リスク管理能力も大きく影響します。決して覚悟や思い切りといった個人のマインドの問題だけではありません。

これまでになかった思考パターンを取り入れる

考え抜いてみた結果、やっぱり置いておくという結論も、もちろんかまいません。これまで「念のため」の4文字でとりあえず置かれていたモノの「置いておく理由」が具体化するだけでも大きな変化です。今後、他の書類を判断する場面でも、「以前はこう考えた結果、Aだった」など、必ず判断基準に変化をもたらします。

モノを片づけた方、ファイリングを導入した方が、仕事に対しての向き合い方・取り組み方が変わったと感想をくださるのは、こうした途中経過を大事にしているのが理由のひとつです。

整理力が高いのに片づけられないのは、なぜ？

判断基準があいまい・
片づけを感情的なものと捉えている場合

↓

定義・数値など、
理論からのアプローチで一気に片づく！

整理の概念がなく収納から入る場合

↓

整理の概念を知り、
収納より整理に力を入れると一気に片づく！

丁寧に収納を工夫しても、上手に詰め込まれるだけですぐリバウンドする。
いつまでもリバウンドのループを繰り返し年々リバウンド量がひどくなる。

元に戻すことが習慣化
できるしくみになっていない場合

↓

戻しやすいしくみが整えば一気に片づく！

プロに頼んで、戻しやすいしくみづくりをサポートしてもらうのも解決策のひとつ。

POINT

- 整理力とは、判断力、決断力、リスク管理能力。
- 整理力が高いのに散らかる人は、正しい理論と手順を身につければ解決する！

10

封筒に入った書類の扱い方

封筒の入れ方とNG例

「封筒が個別フォルダに収まらないのですが、どうすればよいでしょうか？」という質問をよくいただくので、ここで管理の方法をご紹介します。

角2封筒は個別フォルダより一回りサイズが大きいため、封筒ごと入れると、封筒がタイトル部分を隠してしまい、探しにくくなります。また、手前にもはみ出てしまうので、面一に並びません。この例外の1カ所から徐々に崩れていき、キャビネット内が乱れる原因となるのです。対策としては、中身を確認するために封筒をあけて書類を出したその手で個別フォルダ化し、他の書類と同様に管理するだけです。

封筒自体は、不要であれば処分しましょう。必要なら、ノーアクションで中身が確認できるように表を外折りにして、書類とともに個別フォルダに入れます。

もし、今後全く見ない書類であったとしても、封筒に戻してしまうと、処分の時や、次に片づけ作業を行なう際に、再び出して確認することになるでしょう。単純に考えて、一度出した書類を封筒に戻す方が一手間かかるのですから、「封筒から出したら個別フォルダ化」を習慣化しましょう。

また、長3封筒に書類を入れたまま個別フォルダに保管し、底の部分が厚くなっている状態もよく見かけます。三つ折りのA4書類は、広げて保管しましょう。

作業目的に合わせて臨機応変に

「あえて封筒のまま個別フォルダに入れる」方法もあります。例えば、各社から何十枚もやってくる月末締めの請求書の場合。「請求書在中」と書いてある長3封筒が到着したら、封を切らずに「月末支払い請求書フォルダ」に入れていきます。これなら誰が受け取っても、ここへ入れるだけ。支払いの担当者はフォルダごと取り出せば、すべての請求書がヌケモレなくそろいます。

随時、封筒から出すより、まとめて作業をする方が効率がよい場合に有効な方法です。

封筒に入った書類のOK例・NG例

✕ 封筒のまま個別フォルダに入れない

◎ 封筒の中だけを個別フォルダに。封筒が必要なら、外折りにして一緒に入れる

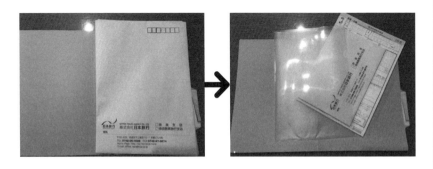

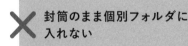

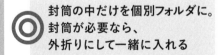

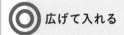

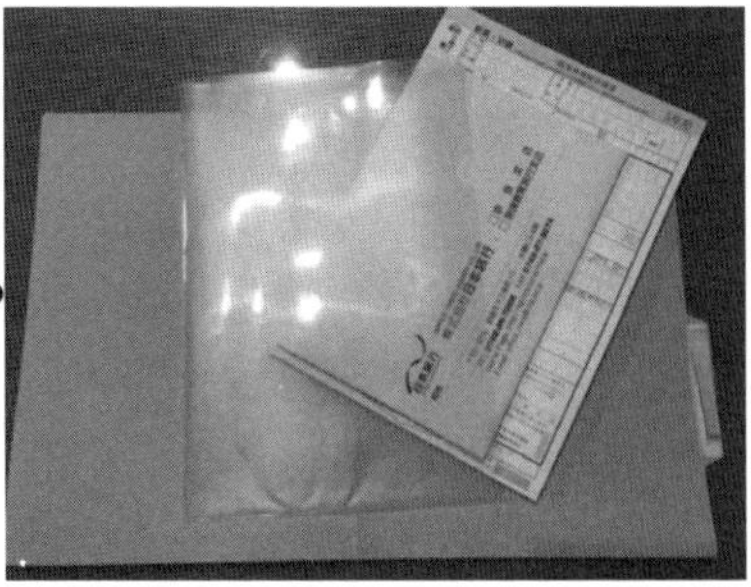

✕ 三つ折りのまま入れない

◎ 広げて入れる

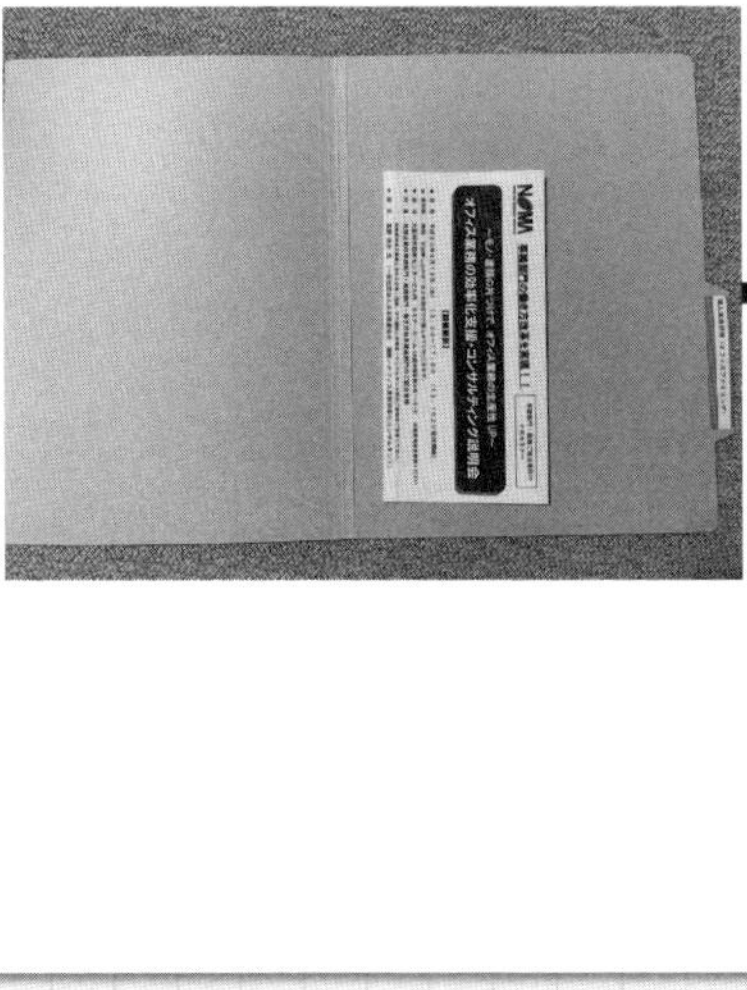

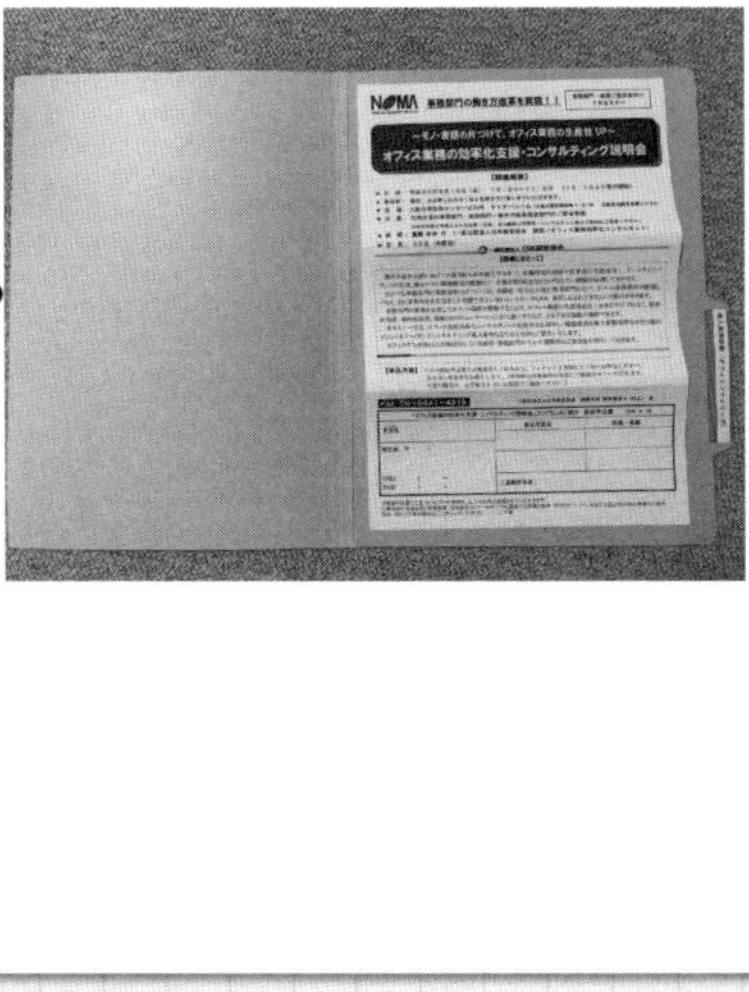

書類の状態を見れば、頭の中が丸見え

ファイリングを通じて書類の基本的な管理方法を知ると、机の状態から、その人の個性や思考の癖がそのまま見えるようになります。

例えば、何か資料が手に入った瞬間に、書類の量を問わず１つのクリアファイルにしてどんどん日付順に積み上げていく人は、仕事でも隅々にきちんと感があります。一方で、業務の経過があいまいだったり、他の仕事との関連付けが苦手な傾向があります。

とりあえず手に入った瞬間に簿冊式ファイルに綴じ込んでいく人は、全部持っておかないと不安なタイプ。逆に、全部あれば、なんとかできるタイプだったりもします。丁寧に簿冊式ファイルに分け、見出しタブもつけるけれど、普段は書類山積みのタイプの人は、仕事においても丁寧さはありますが、忙殺されると雑な部分も出てくるタイプ。また、書類は山積み、データのフォルダ分けのタイトルに基準もなく、すべてにやりっぱなし感がある人。この人が頭の中で考えていることは、言葉がファイルのタイトルに、情報のつながり方はフォルダの階層に、そのまま表れています。

ファイリングを実践し始めると、人の仕事のやり方が、書類やデータにそのまま出ていることに気がつきます。

それでは、ファイリングのプロはよほど頭の中が整っているのかというと、そうでもありません。お伝えしたいのは、結局、しくみや技術の問題だということ。ノウハウさえ学んでしまえば、どんな行動・思考パターンの人でも、この本でご紹介しているような書類の状態になるということです。

基本を学んだことがないから、思考がそのまま周りに漏れてしまっているだけなのです。たとえるなら、これまで料理をしたことない人が、何の情報もなく１人でいきなりハンバーグを作るようなもの。必要な材料や道具、調理の手順などがわからないまま、イメージだけでなんとなく作れば、失敗の可能性も高まってしまいます。

だから、その通りに作るだけで、全員が同じように作れるレシピが大事なのです。手順・ルールを覚えるだけで、最高の状態のものができるようになる。ファイリングが誰でもうまくいく理由も、ここにあるのです。

第5章

実践！情報を活かすための個別フォルダ管理のステップ

1 個別フォルダ化作業を進める

必要な書類を個別フォルダ単位でまとめていく

整理終了後、いよいよ個別フォルダ化していきます。1センチ程度までの厚みになるように入れていきましょう。

個別フォルダの中で分けたい時は、付箋や仕切り紙、見出しタブシール等の文具で工夫します。サイズが不揃いで落ちそう、汚れが心配……、そんな場合はクリアファイルを個別フォルダの中で使うという手もあります。

簿冊式ファイルに綴じられているものも外して、個別フォルダに移し替えていきます。もし、引き続き綴じて使う必要があるなら、ファスナーを使って差し替えれば、遜色なく使えます（第3章6項）。

クリアポケットタイプなど1枚ずつめくって順番に見る必要がある（例えば、メニューのような場合）も個別フォルダで管理が可能です。個別フォルダに移し替えたら、思ったより省スペース化が図れるでしょう。

個別フォルダ化する時の原則

1つの個別フォルダの中に、特定の業務をまとめて入れる場合、年度が違う書類は混ぜないようにします。「A業務資料」の個別フォルダに、「2018年度」「2019年度」「2020年度」など複数年度にまたがって書類を入れません。

「決算○年～○年」というように、年度を跨いで綴じられた分厚い簿冊式ファイルを見かけたことはありませんか。古い年度ほど処分対象であるにもかかわらず、綴じられて処分がしにくくなっている。書類が机・事務所に停留する最大の理由はこれです。個別フォルダを使っても、年度違いの書類を入れれば、停滞を招きます。

同じ業務でも年度別で分ける。これだけでも処分の基準が明確になり今後の滞りが防げます。今後は、日々個別フォルダで管理すれば、年度が混ざるようなことは発生しませんのでご安心ください。

個別フォルダ化で最小単位のまとまりを作る

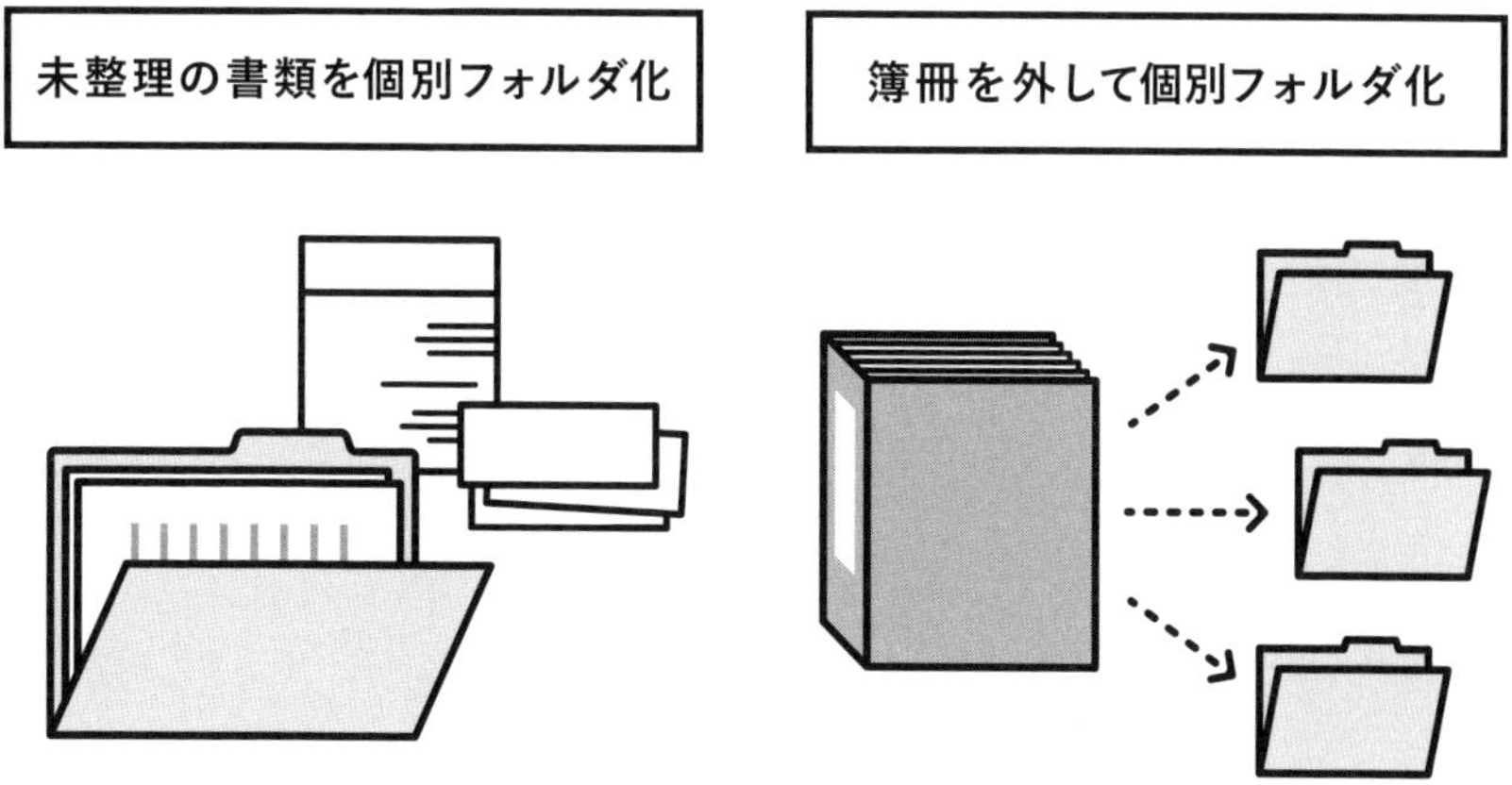

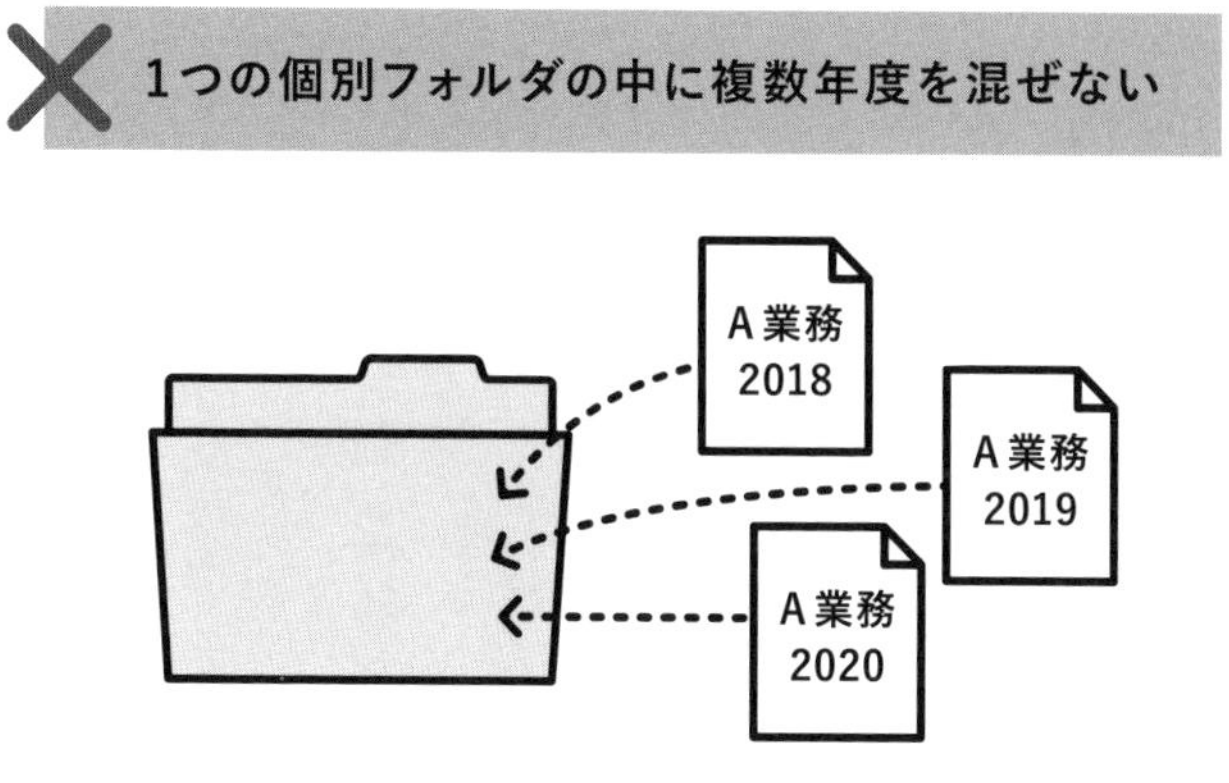

1つの個別フォルダの中に複数年度を混ぜない

POINT

- 文房具類を駆使して、個別フォルダ内を使いやすくするのはOK。
- 1つの個別フォルダの中に、年度の違う書類を入れない。

2 個別フォルダ名のつけ方の基本

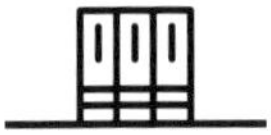

✓中身が正確に推測できる

個別フォルダのタイトルは、**中身が何か、具体的かつ確実にわかる**ように工夫します。

パンフレットが入っているから「パンフレット」と書く。これでは50点です。企業案内、商品案内などさまざまな種類があり、またお客様に配布するため、過去どのような商品を置いていたかを確認するためなど、様々な目的もあるでしょう。例えば、「**パンフレット（企業案内）**」「**パンフレット（商品案内）**」と書けば、具体的にわかりますよね。あるいは、「**パンフレット（取引先配布用）**」「**パンフレット（過去商品確認用）**」と、目的を補うこともできます。

こうした「置いておく目的」を意識することがタイトルに影響することもあります。今後、ファイリングを効率よく使いこなせるかどうかの大きなポイントになります。

また「配布禁止」や「済」を入れると、数文字で内容を的確に表現できます。

こうした工夫を徹底することで、探しやすくなるのはもちろん、誰が見てもわかる個別フォルダの配列を作る下準備になります。

✓誰が見ても同じ書類が出てくるタイトルに

「自分しか見ないから、タイトルは適当でいい」という人がいますが、突然、誰かに探してもらうことがあるかもしれません。数年たてば、自分が書いたタイトルでも「これ何だっけ？」ということもあります。たった数文字で、その後のアクション数は何十回・何百回と変わるので馬鹿にできません。

だからといって、長いタイトルをつけると、ラベルの字が小さく見えにくくなり、読むのも面倒になってしまいます。文字数は印刷後の大きさもイメージし、だいたい15文字前後を目安にするとよいでしょう。

中身が何か思い出せないタイトルはNG！

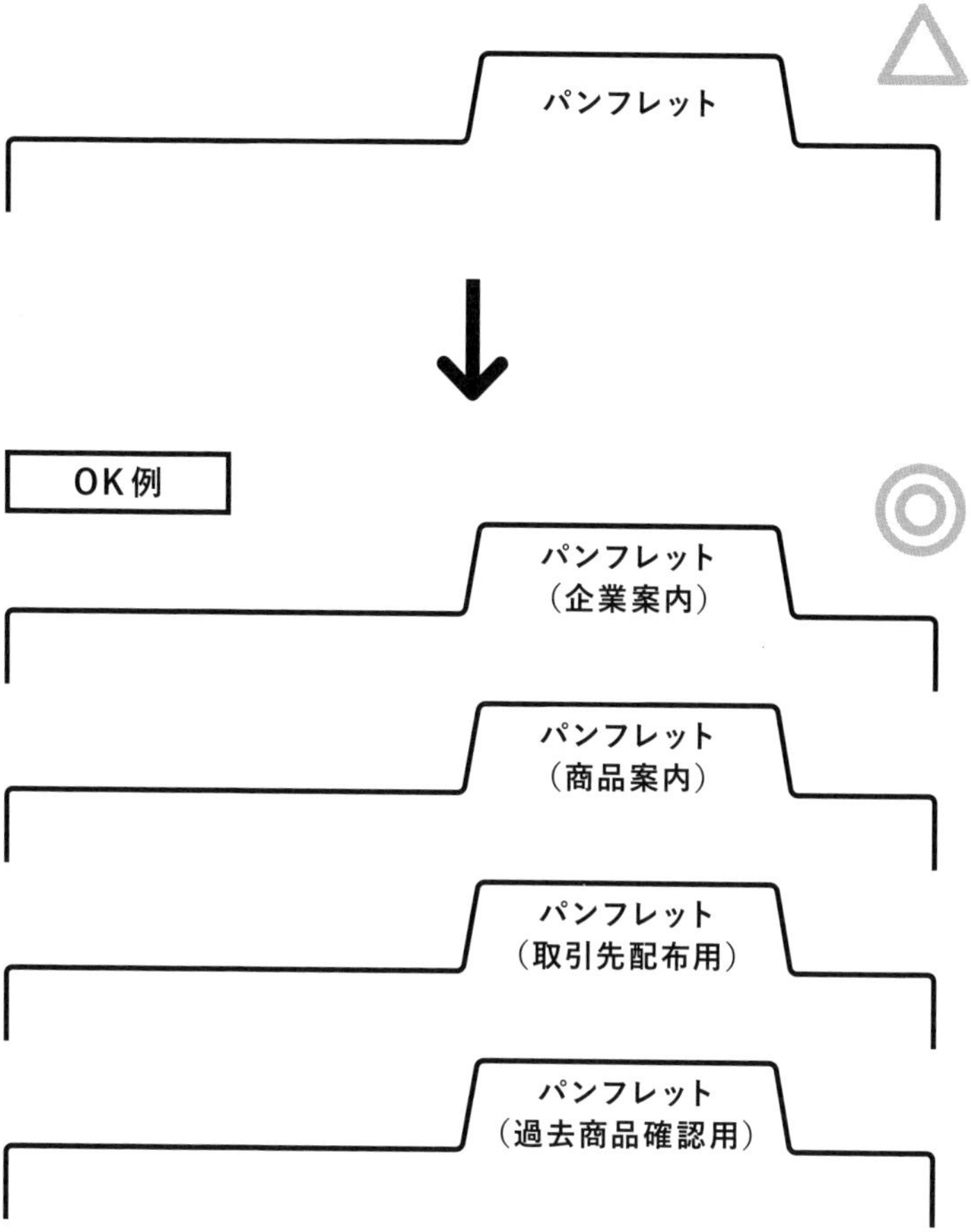

POINT
「考える」「間違って取り出す」というムダなアクションを徹底的に排除する。

3

よくあるNGタイトル

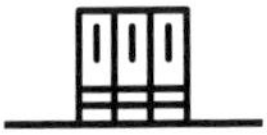

ここでは、よくあるNGタイトル事例を見ていきましょう。

✓重要は何のため?

まずは「**重要**」。これがダメな理由は、意図がわからないこと。基本的に、書類は全部重要だから置いているはずです。「**【重要】**○○契約書」「△△契約書」とあっても、なぜ、○○契約書が重要なのか、タイトルだけではわかりません。

実際にあるのは、「あの時探していたこの書類、『重要』のところに入っていたんだ」というケース。結局、あいまいなタイトルが紛失のもとになり、いざ必要な時に使えないのです。

「最重要」と書かれた古い簿冊式ファイルの書類を恐る恐る開けてみたら、「当時はこの書類、最重要だったんですね」「最重要なのに、中身が忘れられているなんて全く意味ないですよね」と失笑されることもしばしばです。

しかし、「重要」というタイトルをつけた個別フォルダは、事務所内から持ち出し禁止、もしくは処分の時に上司に確認をするなど、何か明確なルールのもと運用できるのであれば、有用に使えるキーワードです。

よく似たものだと、「至急」「緊急」もNGです。

✓「○○関係」「その他」も紛失のもと

他にも避けてほしいキーワードが、「○○**関係**」「**等**」や「**その他**」「**雑件**」です。一見関係のない書類も「関係」や「等」に惑わされ入れてしまいがちなので、注意が必要です。対策は簡単。これらのキーワードを使わないよう工夫していくだけです。

「○○**書類**」も意味がない言葉です。どの個別フォルダの中身も、ほぼすべて書類のはず。つける意味がない不必要な文字は、1字でも削りましょう。その1文字が、書類を探す時のムダな情報となり、紛らわしくなるのです。厳選した文字を使って、タイトルをつけていきましょう。

あいまいなタイトルは紛失のもと

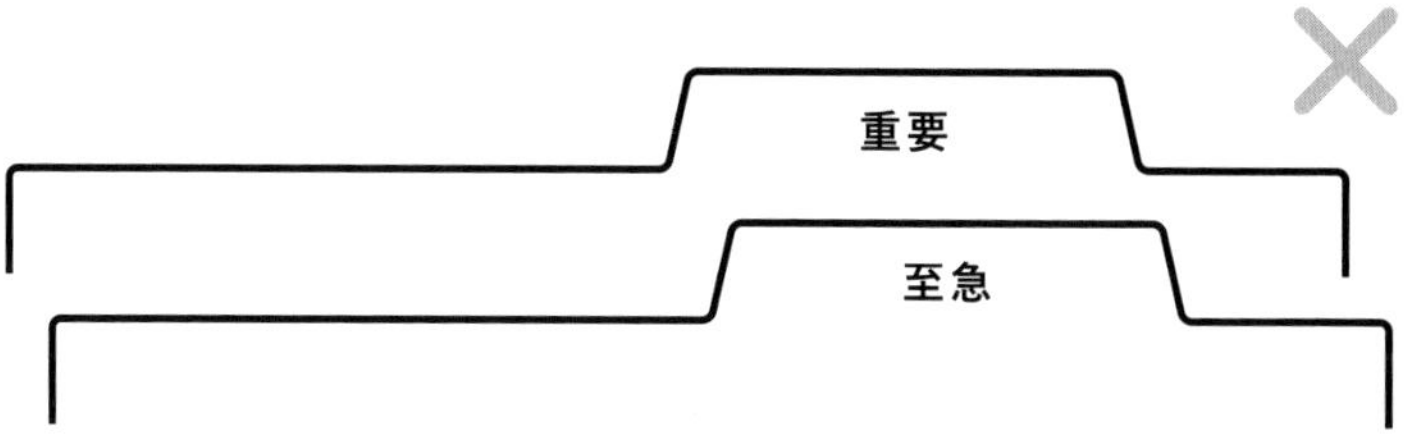

☑ 事務所内から持ち出し禁止、もしくは処分の時に上司に確認をするなど、明確な意味を持たせる運用をしよう。

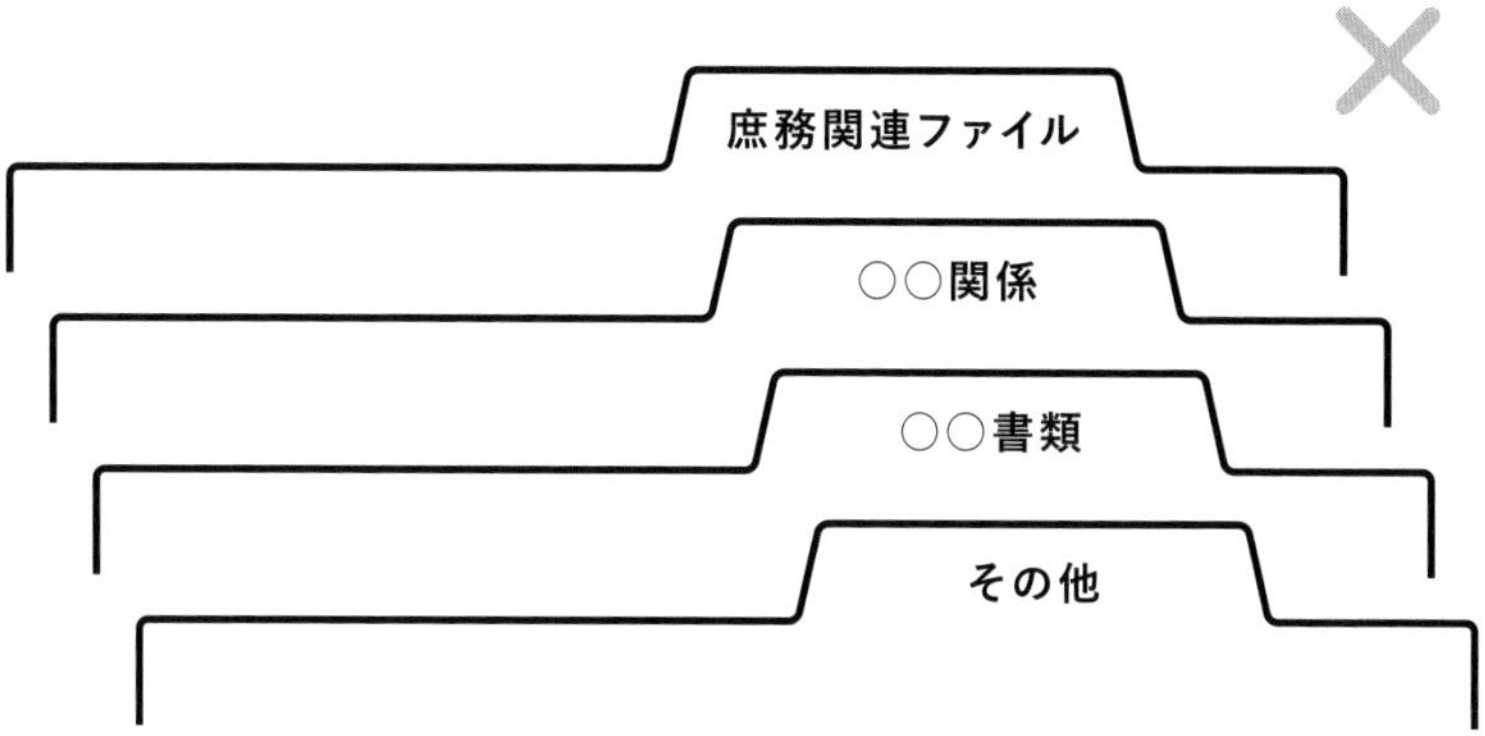

☑「庶務」「関連」「関係」も「ファイル」「書類」も具体的な意味を示さない単語。

POINT

- **行動があいまいになるタイトルが、紛失のもと。**
- **意味のない不必要な文字は、1字でも省こう。**

4 ワリツケ式分類とツミアゲ式分類

実際にある書類から分類を作っていこう

個別フォルダ化が終わったら、次はフォルダの分類を作ります。本来、ファイリングシステムでいう「ワリツケ方式」「ツミアゲ方式」とは、総務部門から示される共通分類と、各部門が作り上げるオリジナルの分類を指しますが、ここでは分類の手法として解説します。

ワリツケ式分類というのは、「予算管理」「人事」「営業」など、最初に大きな分類を作り、ここに入る情報（個別フォルダ）を集めてくることをいいます。大・中・小と上から分けて行きます。

メリットは、作業が早い点。デメリットとしては、分類量に偏りが出ることです。量の多い業務だけ、やたら階層が深くなって探しにくかったり、すでに頭の中にある分類の固定が強く、新たな分類を柔軟に作り出すのが難しいため、使いにくいという点が挙げられます。

一方、**ツミアゲ式分類**というのは、個別フォルダに共通点がないばらばらの状態。そして、a、b、cの3つのフォルダで「予算管理」だけど、a、b、fのフォルダだと「来年度A業務の予算計上資料」とまとめることもできる。こんな風に新たな共通点を見出し、分類を小↓中↓大と上へ作り上げていく方式です。

メリットは、今、必要な分類を作り上げていける点です。また、まとまりによって量が偏らないように作るので、完成時の階層が浅く、圧倒的に使いやすいのも特長です。

デメリットは、慣れないと、作業が全く進まないという点です。

2種類の分類を使い分けるとベスト

実際、9割以上の方が無意識にワリツケ分類を使っていますが、「なんだか使いにくい」「分類がしっくりこない」「迷子フォルダが出る」、そんな時は、ツミアゲ式を使うと改善します。

ワリツケとツミアゲ、両方を使いこなすことができると、より使いやすい新しい分類が完成します。

ワリツケ式分類・ツミアゲ式分類とは

ワリツケ式分類

予算管理、人事、営業……
先に頭の中で大きな枠組みを作って、その中に割り当てる。

メリット

- 作業が早い

デメリット

- どこにも当てはまらない書類が残る
- ムダな分類が増え、情報にたどり着く手間がかかる

ツミアゲ式分類

ばらばらの情報から共通点を見出し、新たな分類を作る。

メリット

- 使いやすく、しっくりくる分類が作れる

デメリット

- 作るのに時間がかかる
- 固定概念を取り払い柔軟な分類を生み出す必要があり、自分1人で作り上げるのは難しい

POINT

分類方法は2種類を使いこなせると、使いやすい分類に近づく！

5 代表的な6つの分類

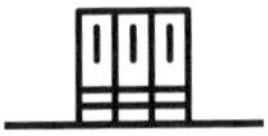

✓一目でわかる分類のヒント

ここで、よく使われる6つの分類をご紹介します。あくまで代表的な分類事例の参考としてご覧ください。

①相手先別

取引先名、組織部門名など、相手の名前で分類します。取引先なら「○○工業」、社内なら「総務課」など。検索時に「誰とやり取りしているか」が、一番わかりやすいなら、相手先別分類がお勧めです。

②主題別

書類の中に、何が書かれているのかの内容やテーマをもとにまとめるものです。例えば「○○プロジェクト」や「新入社員採用」など、業務内容にそって考えます。

③形式別

稟議書や申請書などの書類の形式で分類します。決まっている手続きや、定まったやり方にそって、仕事を進める文書とイメージしてみてください。

④標題別

本書の標題が印刷された書類をそのまま個別フォルダのタイトルに使う方法です。「注文書」や「見積書」「備品管理台帳」などもそうですね。

⑤一件別

工事や訴訟、取引など開始時から終了まで、関連するものをまとめるものです。システム導入のための契約から、廃棄までの記録を一連してまとめるのも一件別と扱います。

⑥数字別

書類に通し番号をつけ、一定数の数でまとめて番号順に管理します。例えば、「起案1～10」「起案11～20」などです。この場合、何番がどの内容かわかる一覧表を作成し、一緒に入れておくなどの工夫が必要です。

代表的な６つの分類

① 相手先別	取引先名、組織部門名など、相手の名前で分類。 【例】「○○工業」、社内なら「総務課」など
② 主題別	何が書かれているのかの内容やテーマをもとに分類。 【例】「○○プロジェクト」「新入社員採用」など
③ 形式別	書類の形式で分類。 【例】「稟議書」「契約書」など
④ 標題別	文書の標題が印刷された書類をそのまま個別フォルダのタイトルに使う方法。 【例】「注文書」「見積書」「備品管理台帳」など
⑤ 一件別	工事や訴訟、取引など開始時から終了まで、関連するものをまとめる。 システム導入のための契約から、廃棄までの記録を一連してまとめるのも一件別と扱う。
⑥ 数字別	書類に通し番号をつけ、一定数の数でまとめて番号順に管理。 【例】「起案1〜10」「起案11〜20」など

※参照：『基礎から学ぶトータル・ファイリングシステム「ファイリングデザイナー２級テキスト」』（一般社団法人日本経営協会）

POINT
「自分はこの方法で全部、分類しよう！」ではなく、目的によって使い分ける。

6 検索性が上がる並べ方のポイント

✓本当に使いやすいか、客観的に推敲する

出し入れの効率がいい個別フォルダの並べ方は、「**使用頻度順**」です。取引先別フォルダを使用頻度の高い順に並べると、とても便利です。

ただし、他の人と共有で使う時には注意が必要です。なぜなら、使用頻度順は、他人にとっては何の意味も規則性もない並び順なので、探し出す際にヒントが全くなく、目的の個別フォルダにたどり着けないこともあるからです。取引先フォルダを共有で使うなら、**使用頻度順ではなく、「五十音順」に並べ、「誰もがわかる」状態を優先しましょう**。このように、同じ個別フォルダでも、使用目的・シーンに合わせて並べ方を工夫するほど検索性は上がります。

✓使ったらガイドの後ろに戻す

使った個別フォルダを、中分類（ガイド）のすぐ後ろに戻すという運用方法もあります。これなら、常にガイドの後ろには一番よく使う個別フォルダが自動的に並ぶため、便利です。

共有する書類があるか、または自分の仕事を次の担当者へ引き継ぐ前提があるかなど、事情に合わせて、うまく使い分けていくとよいでしょう。

✓相互排他的なタイトルになっているか

他にもよくある失敗例として、「請求書」と「請求書（A社）」という2フォルダのように、**情報が内包して階層化していないか気をつけてください**。「請求書」フォルダの中にA社の請求書を誤って入れてしまいますし、それも間違いとは言えません。「請求書」という分類が、「請求書（A社）」フォルダの書類までをも含んでしまうタイトルになってしまっている。これが紛失のもとです。

対策としては、「請求書（B・C社）」と書く。すると、情報として対等になります。一方を選択すれば、他方には含まれない相互排他的なタイトルを全個別フォルダにつけることを、意識するとよいでしょう。

検索性を上げるポイント

タイトル

迷わない、探さない、唯一にして絶対的にわかりやすい
タイトルになっているか。

分類

目的に合った分類になっている。

運用

個別フォルダを取り出した後、第2ガイドの後ろにしまう方法。

収納・整頓

- 8割収納
- 右下にタイトルがくるように書類を入れる　　など。

統一感

- 1/6カットシステムでそろえる
- 個別フォルダの厚み調整
- 同じ位置にタイトルを書く　　など。

POINT 検索性を上げるために小さな工夫を重ねよう！

7 情報活用度が上がるタイトルのつけ方

✓上手なタイトル活用の事例をご紹介

個別フォルダのタイトルは、中身が正確に推測できれば「○」、紛失の原因になるタイトルや意図がわからないものは「×」とお伝えしてきましたが、タイトル次第で情報活用度が一気に上がる「◎」の具体例を、いくつかご紹介します。

ある企業では、簡単なチラシを作る仕事が忘れた頃に舞い込むそうで、その際、参考になりそうなデザインを見かけるたびに集めていました。これまでは「資料」というフォルダタイトルで保管していましたが、個別フォルダの存在すら忘れられ、結局活用できていなかったそうです。そこで、タイトルを「**広告デザイン（制作時参考）**」としたところ、実際に使用したいタイミングで活用されるようになりました。

✓職場の人間関係や経営にも影響が

新聞や雑誌の切り抜きをまとめた「切り抜き」フォルダ。それまで誰も見向きもしなかったのに、「**自社特集記事・掲載記事**」とタイトルをつけ、年度ごとに分類した途端に、社員が興味を持つようになったそうです。自分が就職した年や過去のイベントの記事などを各自が懐かしみながら見て、話に花が咲いたこともありました。

また、ある企業の社長は、「自社の仕事とかけ合わせたら面白そう」とピンときた情報を「資料」として置いていましたが、誰も興味ないだろうと、処分を検討していらっしゃいました。そこで、個別フォルダ化して、社員のみなさまとシェアすることを提案。社長がつけたタイトルは「○○**社長の思考**」でした。

すると、社員がその個別フォルダの中身がどんなものか気になり、その場でシェアが始まりました。そして、社長が集めた情報を見ながら、「このサービス、いいと思っていました」「こうアレンジすれば実現しそう」などの意見やアイデアが集まってきたそうです。個別フォルダのタイトル次第で、経営者の想いが形になった事例です。

ワンランク上のタイトルをつけるヒント

いいキーワードを見つけるためのQuestion

Q. どういう内容のモノか？

Q. なぜ、置いているのか？

Q. どういうタイミングで使うのか？

HINT!

wishリストのような個別フォルダを作るのも◎

◎
- 「参加したい研修・学びたいこと」
- 「取り組みたい仕事」
- 「試してみたいこと」

×
- 「いつか」
- 「手が空いたら」

POINT

どこにも分類できない「その他」になりがちな書類に、
これからやりたいことに役立つ情報が
集まっていることも。
→ ワンランク上のタイトルで、未来の仕事に役立つ
個別フォルダを作ろう！

8

手持ちの書類だけで作る「マイファイル管理表」

完璧な管理を目指す方にお勧め

個別フォルダの分類ができ、並び順が決まったら、個別フォルダのタイトルをざっとエクセル一覧表に入力していきます。自分の持っている書類の一覧表、つまりデータベースが完成します。本来、組織単位で作成する**「ファイル基準表」**の個人バージョンです。エクセル左の列から、分類時に作った「大分類」「中分類」のタイトル「フォルダタイトル」「廃棄年月日（保存期間）」で一覧にします。これさえあれば「どんな書類を持っているのか、いつ廃棄するのか」までが一目瞭然となります。

自分だけの簡易な表なので、この程度で十分。もし、他にも備考・メモ欄など必要な項目があれば列を追加し、オリジナルのファイル管理表を作ってください。

入力が終わったら、タイトル、分類・配列を俯瞰しながら修正を加えてきましょう。ただフォルダタイトルを順に入力しただけの表と、情報資産一覧表として仕上がった表とでは、ただ名前を羅列した表と、五十音で所属別に入力された名簿くらい完成度が違います。コンサルティング時に、一番時間をかけてフィードバックをし、熟考するのがここです。もし、より高い完成度を目指すなら、完成した表を周囲の方に見てもらい、「自分以外の人でも、このフォルダタイトルで中に何があるかがわかり、書類をさっと探せるか」という視点で意見をもらうとレベルアップが図れます。

ファイル管理表の価値

ファイル管理表があれば、全体量の把握もでき、人事異動の際には次の担当者にこの表を渡すだけ。書類の場所までいかなくても検索できます。さらに、このタイトル一覧を作っておけば、差し込み機能でフォルダラベルを印刷する準備にもなります。

ただ繰り返しますが、本来は所属部署で作り、共有運用するべきものです。自分の手持ち書類の一覧が完成したからといって、くれぐれも、書類の私物化を強めることのないように注意してください。

マイファイル管理表の例

第1ガイドに含む中分類は最大8つ

第1ガイド（大分類）	第2ガイド（中分類）	フォルダタイトル	廃棄年月日（保存期間）	備考

第2ガイドはフォルダが5～15個を目安に

数が少ない場合、第2ガイドは不要

POINT

- 大分類・中分類名、フォルダタイトルは必須！
- 廃棄年月日、備考等、書き残したい最低限必要な項目だけ行を追加する。
- ファイリングシステムの「ファイル基準表」の簡易バージョン。

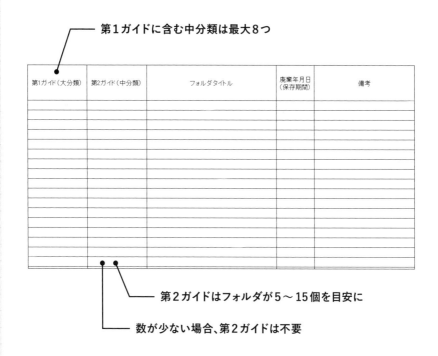

片づけスキルを手に入れるには

本を読んだ、やる気になった。さあ明日、効果があると思ったことを全部やってみよう！　……これは、完璧主義の思考・行動パターンです。これまで、たくさんの人と片づけを通じて接してきましたが、完璧主義の人は片づかない傾向があることに気づきました。

忙しい合間に重い腰を上げ、やる時は一気に。ラベルや収納用品をそろえ、美しく仕上げるのですが、その後、あっという間にリバウンド。その時に作業した一部の簿冊資料だけ、きれいに見出しシールが並べて貼ってある割には、普段使っている書類は山積み——なんていう経験のある方は、このタイプかもしれません。

では、片づけが成功する人はどんなパターンかというと、「習慣化」できる人です。

とにかく最初は数分から、毎日少しずつ作業をしてくださいとお伝えしていますが、不思議なことにこれを続けると、次第に意識せずとも片づけ作業に取り組まれるようになります。

例えば、ランチ前や帰り際など、ちょっと席を立つ前や気になった時に片づけるようにしてみると、そのうち、書類をもらった瞬間や、引き出しを開けたついでに、さっと不要な書類を出し処分するようになったり、何かのついでに整えるような行動をしています。その頃には、個別フォルダも、自然と向きがそろっていることでしょう。

習慣化がすごいのは、無意識にその行動ができるようになることです。

例えば、初めてパソコンを使った時、キーボードをじっと見つめながら、人差し指でぽつぽつと入力していませんでしたか？　この状態で文章の内容に集中するのは難しいと思います。ですが、今、内容に集中しながら入力できるのは、無意識にキーボード入力ができるからです。つまり、片づけ行動が習慣化すれば、無意識にいつも環境が整うだけでなく常に頭の中を、目の前のコトに集中して使えるようになります。「片づければ、仕事がうまくいく」という表現は大げさに感じるかもしれませんが、時間を生み出す上、物事に集中できるなら、きっと今より仕事がうまくいくことでしょう。

第6章

誰も教えてくれない PCのファイル管理

1

書類よりも難しいデータの片づけ

紙が片づかなければ、データも片づかない

業務上、紙よりデータを使っている方が圧倒的に多いでしょう。しかし、データの片づけは、書類よりさらに難しいといえます。

その理由のひとつは、置き場所の問題。ＰＣ内でもデスクトップ、フォルダの各階層途中、フォルダの中どこにでも置けてしまいます。また、目の前のＰＣ以外にも、ファイルサーバや外付けのメディア、外部のストレージサービスなども可能。

意識せずショートカットからアクセスしていると、どのサーバの、どの階層にいるのかもわかりません。さらに、ショートカットや原本もコピーも入り混じり、それを、事務机の作業スペース同様、一番使いやすい場所に値するデスクトップへ仮置き。さらに、全体の数・ボリューム感が視覚的に全くつかめない……。

もしこれが書類で同じ状態だったとしたら、どうでしょう。どこでも置き放題、コピーし放題、机の上に好き放題置いている……いかにひどい状況になるかイメージしていただけると思います。

データを管理するしくみや方法は存在する

データの片づけは、書類のファイリングの原則にそって考えていけばシンプルに解決できます。これは、紙もデータも「情報」という根本が同じだからです。

ファイリングシステムを導入された企業様が「ああ、データもこうすればいいのか」とおっしゃるのは、ファイリングのしくみがわかるので、シンプルに理解が進むからです。本章では、書類・データ双方に共通で役に立つ考え方の基本をご紹介していきます。

必ずバックアップを取ってから

パソコンの整理作業を始める前には、必ず「**現在の状態でのデータのバックアップ**」を取ってください。データは、名前の変更、フォルダ移行、コピー・削除など大きな作業が続きます。一瞬のケアレスミスで丸ごと削除というリスクがつきまとうのが、書類との大きな違いです。

紙が片づけば、データも片づけることができる

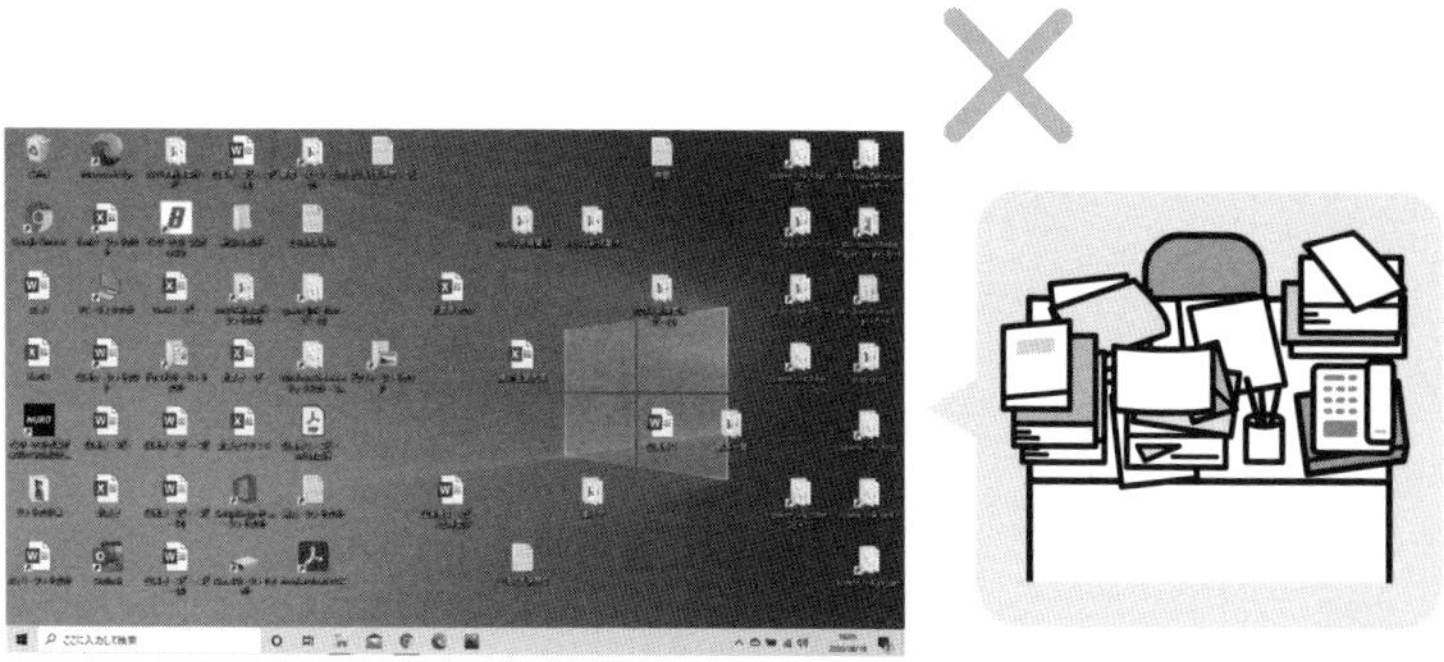

フォルダが山積みで、管理ができないカオスな状況

デスクトップも整理ですっきり！

POINT

- まずはファイリングが終了してから！
- 必ずバックアップを取ってから実施しよう。

2 デスクトップの考え方

机の上と同じように考える

書類が混沌とした机の上と、何もない机。もちろん、後者の方が仕事がはかどるでしょう。何もない状態から、必要最低限の最も使用頻度の高いモノだけを厳選。「今使う」書類を絞って机に置き、仕事が終了すれば、元に戻す。これで毎日、仕事効率のいい状態が作れますよね。

デスクトップも原則は同じです。画面上には可能な限り何も置かず、厳選したモノだけを置きます。そして、今取り組み中の業務データだけを、デスクトップに残し、業務が完了後、本来あるべき場所へ移動してから削除する。

これができれば、毎日効率よい状態にもできますし、今自分が最優先で取りかかるべき仕事だけが一目で把握できるというしくみも作れます。

モノの厳選という意味では、オフィス系プログラムそのものをデスクトップに置いている方も多いですが、「作ったデータ」から開く方が多く、クリックする回数が少ないなら、デスクトップから削除してしまいましょう。

代わりに、タスクバーやスタートメニューにこうしたプログラムを置くなどのカスタマイズを徹底的に行ない、高い操作性を維持します。

全データへの入り口

デスクトップは、仕事を行なう作業スペースそのものでありながら、同時に全業務、膨大な情報への入り口でもあります。自分のデータだけでなく共有サーバに入っていく、扉の役割も果たしています。

総合窓口を果たすこの場所が、自分の思う通りに最高に使いやすく整頓されていれば、仕事は断然はかどります。また、それが今叶わないなら、とても非効率な状態であるということです。

まずは現状分析からスタート。デスクトップのアイコンは、文書ファイルそのものか、ファイルへのショートカットか、別サーバやデータベースへの入り口か、それともプログラムなのか、分類をしてみましょう。

デスクトップに置かない工夫

①**デスクトップ：**すべてのデータへの入り口。

②**スタートメニュー：**Windowsキー を押すと出てくる画面。

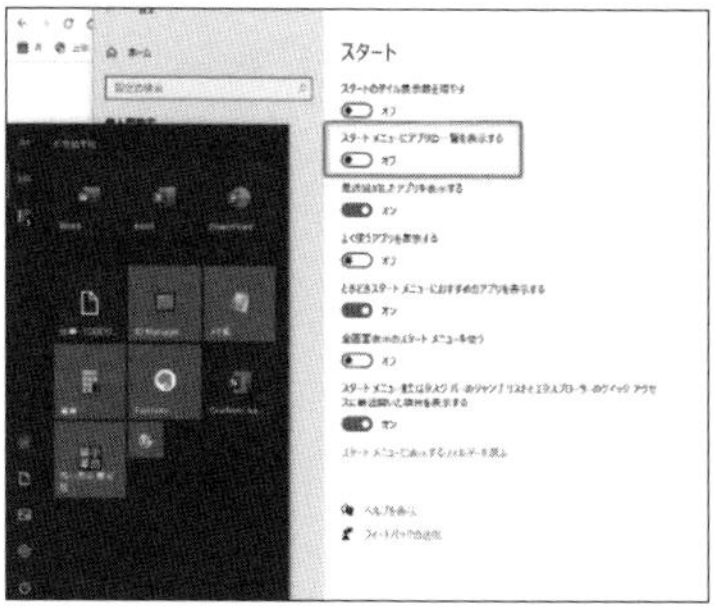

→ **徹底カスタマイズ！**

毎日～月1程度や時々思い出したように使うようなアプリもここへ置く。

③**タスクバー：**パソコン画面の一番下。

パソコン作業中に、補助的に立ち上げてよく使うプログラムをここに置くと便利（※「ピン留め カスタマイズ」「タスクバー カスタマイズ」で検索）。

①②③には同じプログラムへのショートカットは置かずに使い分けるのが、パソコンの整理+効率化の基本！ 目的と使用頻度に合わせて、この3つに分類しよう

④**エクスプローラー：** +「E」を押すと、エクスプローラー表示される。

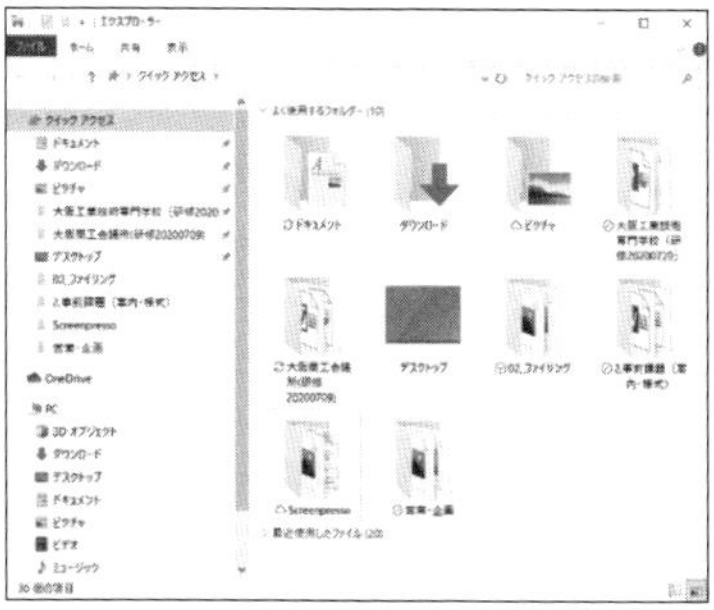

→ 最近のファイル+ドキュメント+ピクチャーの最上位階層へのアクセスが簡単。
2アクションになる（キーを2つ押す）が、文書やフォルダへのアクセスがラクになる。他のショートカットキー同様、とにかく慣れてしまえば便利！

デスクトップに置くショートカットが減らせる。

3

常時置いておくデータを厳選する

数値で捉える

デスクトップに置くプログラムやショートカットを決める時、あれとこれと……と、あっという間に10個以上になり、「よく使うものを厳選したのですが、これではダメですよね」と、見せてくださる方がいます。確かに、それではあまり意味がありません。

このような場合にこそ、整理の基準の明確化が必要になってきます。一例としては、**数値や場面の緊急性**を基準として想定してみてください。

「1日何回アクセスする」「お客様からのトラブル対応の電話中に、すぐ確認する場面が週に1回以上ある」など、具体的に数字にしていきます。

スマホでは、アプリの使用回数が視覚化される機能（iPhoneのスクリーンタイム機能など）がありますが、使用回数が高いものだけを、一番タップしやすい場所に配置するのは合理的です。それをパソコンで行なうのです。

分類後の配置

デスクトップに置くプログラムやファイル類は、「自分が使いやすいよう、目的別や使用頻度別、共通事項別等で分類しまとめ、整頓して配置をしましょう。使用するプログラムは頻繁に増減しないので、一番左端にまとめておけば、位置が固定しやすくなります。また、別サーバへとアクセスするショートカットは、その右側に。やりかけのファイルはデスクトップ中央より右側に置き把握する、ゴミ箱は右上に配置するなど、自分なりに使いやすい工夫をしていきましょう。

この場合も、等間隔に整列させると左右の余白から見た目に探しやすくなります。デスクトップ上で右クリックし、表示された一覧から「表示」にマウスポインターを合わせて「アイコンを等間隔に整列」をクリックします。一度、自動整列を行ない、画面左上から順に整列して配置してから、場所を移動したり、間隔をあけたりし、さらに使いやすく調整することも可能です。

デスクトップはすべてのデータへの入り口

作業手順

①デスクトップ・スタートメニュー（タイル）・タスクバーから、使っていない不要なファイル・プログラムを削除。
②PC作業中に補助的に使うプログラムをタスクバーへ。
③使用頻度が毎日～月1程度のモノをスタートメニューへ。
④スタートメニューのタイルの中でアイコンの並び順・大きさを検討。
⑤文書ファイル・フォルダへのショートカットは、PC内ドキュメントが整ってから。いったんデスクトップ左へよけておく。

- タスクバーに約5個
- タイルに約15個
- デスクトップに約5～10個

としても、自分が使うアイコン類25～30個を分類できる。

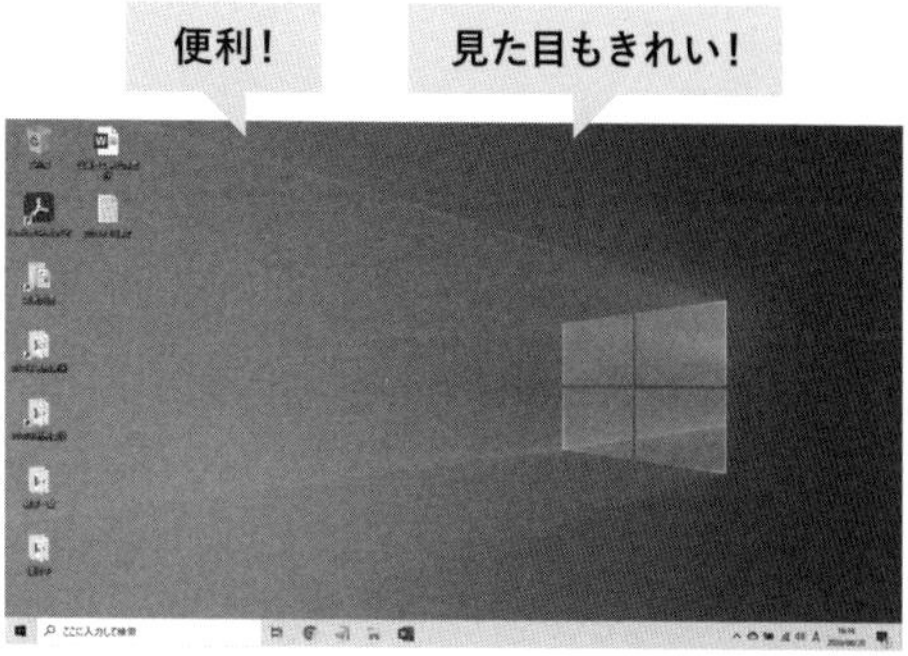

POINT
- ピン留めの前に、使わないプログラムを先に非表示にすること。整理が先！
- 「使うもの」ではなく、ベスト5を選ぶつもりで。
- 1動作でたどり着く範囲に。環境が整えばショートカット集フォルダは不要になる。

4 分類を極めれば、記憶力は不要

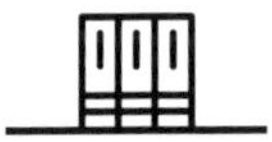

ショートカットが多すぎるのは問題

データ管理が混乱するフォルダにありがちなのが、**「ショートカット多用」の問題**です。ショートカットは本来、目的のファイルまでのアクション数を減らすための機能です。ところが、目的のファイルがどこにあるのかがわからないから、ショートカットを置いておくという理由によって増え続け、それが、デスクトップやフォルダ内がカオス化する一因になっています。

家でいえば、使う時にどこにあるかわからないからと、リビングテーブルの上に大量のモノを集めてきて、ずっと出しっぱなしにしてさらに集まるしかないような状態。各々どこにあるか把握し、戻す場所が決まっていれば、使う時に出し、使い終わると元の場所に戻すようになるのは、モノも書類もデータも同じです。その方がラクで簡単、効率がいい、ということを体感すると面倒ではなくなります。

データも文書も情報として分類が整えば、ショートカットがなくても、全情報にまっすぐにすぐたどり着けます。ファイル・フォルダの整理、分類がツミアゲ式による整理（階層化・水平化）・収納で根本問題に手を入れることが、真の解決になるのです。

情報がすぐに出てくるなら、外部記憶媒体になる

また、「自分はどこにあるかわかっているから、下手に場所を変えないでくれ」という人がいます。カオス化しているため、ファイルの場所を暗記しているケースです。しかし、記憶に頼るには量的・期間的な限界があり、そもそも管理できていれば記憶は不要。脳内記憶という貴重な一時メモリを、こんなことに使うなんてもったいないことです。

自分が片づけが苦手なことを補うために、ファイルの場所を記憶している方が多い印象ですが、片づけはしくみで解決する問題。解決すればその人の本来の能力はすべて、本業務のために使えます。仕事に集中するために、環境を整えるのがファイリングなのです。

頭の中のメモリを効率的に使おう

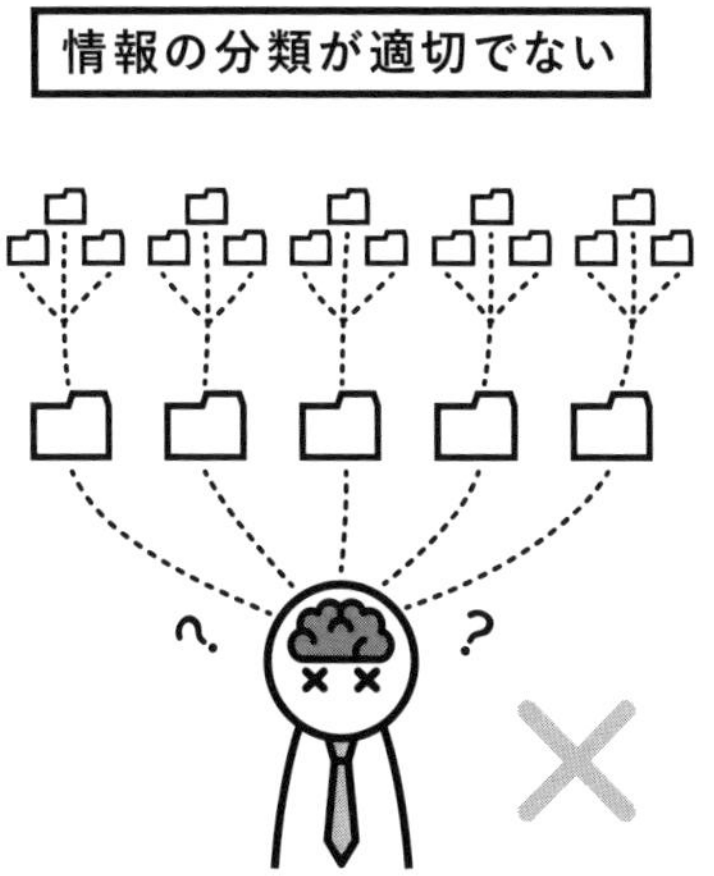

道しるべが適切でない

↓

必要な情報が出てこず、あちこち迷う

データの場所・書類の場所を記憶することに頭のメモリを使ってしまう!

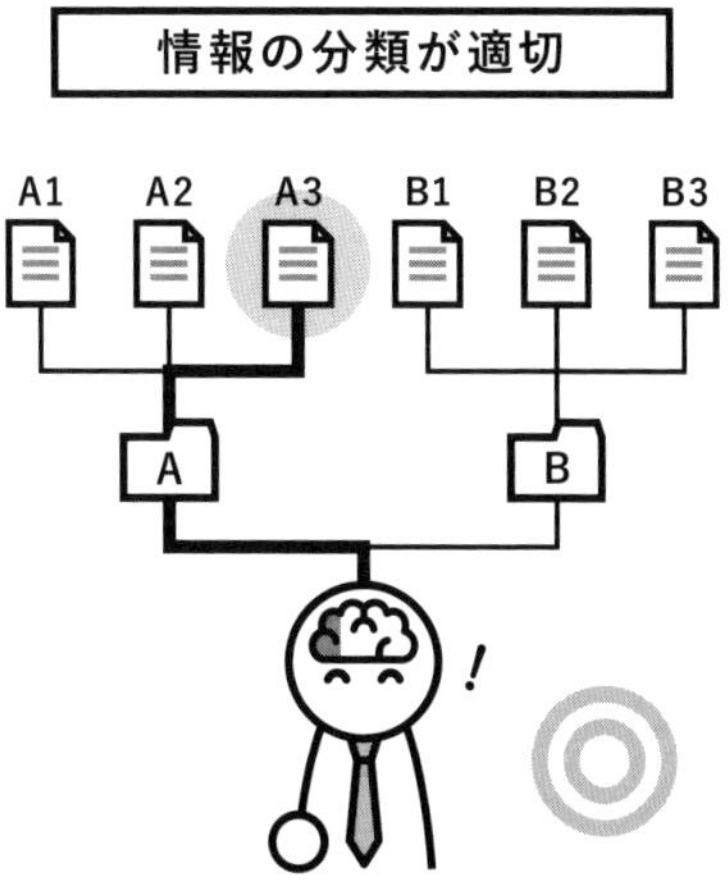

道しるべ(大分類・中分類)が的確

↓

情報に最短で到着できる

本来の仕事のアイデアや進め方、考えることに集中できる!

POINT

- 不要なデータ、片付かない状況がさらにモノを増やす悪循環。
- 文書(紙・データ)は整え方次第で頭の外部記憶媒体としてフル活用できる。

5 ファイル名・フォルダ名のつけ方

一目で中身がわかる名前を意識する

ファイル名やフォルダ名の原則は、中身が正確に推測できるタイトルをつけること、「重要・○○関係・○○書類・その他」はつけないこと、相互排他的タイトルを意識すること。個別フォルダのタイトルと同じです。ファイル名から推測して開いた時に、イメージと違う文書が出てくるようなら、その時すぐにタイトル改善を行なってください。

例えば、「請求書」「契約書」というファイル名で、「何の」が必要なら、「○○**請求書**」。毎月同じサービスの請求書が発生するなら、「いつの」がわかるように、「○○**請求書（○月分）**」と発行月を入れて管理を行なう。「○○**請求書（○月分、A社）**」と書けば、相手先にもわかります。いちいち「あける・確認する・閉じる」と3アクションをかける必要もなく、平均で5・6秒も減らせます。

この「何か」の表現が適切なら、ファイルの管理はできたも同然です。新規に契約書を交わすにあたって、「契約書」ではなく、「契約書（案）」のように、先方との調整の中で、案、修正、本契約、改定……と随時変わるやり取りの要約を、補足情報としてファイル名に足せば、経過もしっかりと残せます。

名前をつける時にルールを

フォルダ名・ファイル名のつけ方として、年月日を西暦か和暦か、6桁にするか8桁にするかなどは事前に統一しておきます。業種によって西暦向き、和暦向きとありますが、何にせよ、まずは自分自身が「令和3年」「R3」「2021年」「21」などが混在しないよう、ルール化して運用しましょう。

また、今年度だけ発生する業務に関しては、「○○**業務（単）**」と表現するだけで「単年度企画」という情報が伝わります。とっくに記憶にない過去の情報をさかのぼっても、単年度限定の業務だったということが一目瞭然です。自分の業務でよく使う便利なキーワードを、作り込んでいきましょう。

適切に推測できるタイトルをつけよう

改善例

請求書	契約書
↓	↓
情報を適切に追加すれば、中を開けずに確認ができる	**業務経過を残す**
○○請求書	契約書(案)
○○請求書(何月分)	契約書(修正)
○○請求書(何月分, A社)	契約書(本契約)
	契約書(改定)

名前をつける時にルールを

会社や部署内で統一ルールを決めると効率的。

●ハイフン、コンマなどの記号

01_　02_　03_

01.　02.　03.

●6桁か8桁か、西暦か和暦か

20201001_

202010_

R210

POINT 1ファイルにつき、「クリックしあける・確認する・閉じる」の3アクションで、約6秒削減!

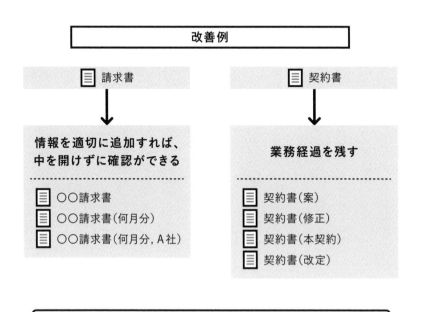

6

業務の流れが重要な時は「時系列分類」

時系列分類のタイトルのつけ方

契約業務に代表されるような、毎回業務の流れで順番に発生する一連のデータは、仕事の流れ順に管理していく方法が便利です。タイトルに対して番号をつけておけば、意図通りに並べることができます。

例えば、契約書を交わすために、案を送付し、修正をやり取りした後、本契約となるなら、「**01_○○業務契約書（案）.docx**」「**02_○○業務契約書（修正）.docx**」「**03_○○業務契約書（本契約）.docx**」という風に数字を入れて並べます。

修正が何度も重なる場合はここにバージョン情報として、「**02_○○業務契約書（修正200401）.docx**」「**02_○○業務契約書（修正200402）.docx**」と日付を入れたり、「V1、V2」と入れるとよいでしょう。版管理ができるソフトもありますが、まだ全PCで標準とは言い切れないことを考えると、現状では日付を入れて管理するのがベターです。

業務進行管理に必須

もちろん、数カ月以上の単位の業務になればフォルダ名に数字を入れ、業務の流れにそって管理します。例えば、全社員が使う新規システムを導入し、運用するまでの半年間が一連の流れとすれば、「導入前↓導入後」まで、イベント主催も「事前準備・当日・終了後」という風にフォルダをまとめることができます。

あとで、その作業をしていた時期を目安に探し出せますし、翌年同じ仕事をする場合には、それが先回りの準備となります。もちろん、次の担当者への引き継ぎの際もフォルダの並び方と中のデータだけで、十分な引き継ぎを行なうことが可能です。

この時のポイントは、**ツミアゲ式分類で行なう**こと。一連の業務が終了し、データの種類・数がすべて出揃ってから「どう分ければいいのか」を考えることで最善の分類が仕上がります。業務の流れを意識しすぎて分類が増えすぎないように注意をしてください。

仕事の流れ順にファイル・フォルダの序列を作ろう

【例】
案 → 修正 → 本契約

- 01_○○業務契約書(案).docx
- 02_○○業務契約書(修正).docx
- 03_○○業務契約書(本契約).docx

【例】
新規システム導入

- 01_導入前(積算・経理・導入経過打ち合わせ)
- 02_仕様決定選定(各社プレゼン・比較・決定)
- 03_契約支払い(導入説明・契約書)
- 04_導入(社内展開スケジュール・導入事前設定)
- 05_利用者向け(説明会準備・運用マニュアル)
- 06_運用改善(フィードバック・Q&A)

【例】
イベント主催

- 01_開催準備(全体スケジュール・開催概要)
- 11_出展者調整(案内文・リスト)
- 21_会場配置計画
- 31_当日(タイムスケジュール・分担)
- 41_開催後(決算)

☑ ファイルが並ぶ順は、記号、数字、アルファベット
☑ 01, 11, 21 としておけば、途中にデータが増えても、思った場所にフォルダ・ファイルの配置ができる
☑ 名称変更は、フォルダ・ファイルを選んだ状態で「f2」(もしくはファンクション+f2キー)を使うと便利

POINT **業務が最後まで終了している業務から作るのが、わかりやすい分類を作るポイント。**

7 ムダなフォルダを作らない

✓なかなかたどり着かない目的のファイル

「分類も丁寧に作っている。意識は高く持って試行錯誤をしているけれど、まだまだ改善できそう」と相談を受けた時、共通しているのは、**「フォルダ多すぎ」問題**です。

保存の時に、「探しやすくするため」といいつつ安易にフォルダを作ってしまうことが問題です。

フォルダを何階層もたどっていったのに、最終ファイルが1つしかなかった、なんてご経験はありませんか？

「部署（3）―チーム別（3）―プロジェクト別（2）―営業先（3）―担当者別（5）……」と、どんどん階層を潜っていく割には、フォルダもファイルも各階層で数個ずつ。扉を選びながら迷路の奥へ奥へと迷い込んでいくようなものです。

個別フォルダでいえば、第1、第2ガイドとたくさん分類する割に、実際はその後ろに1フォルダしかないようなイメージです。

✓一定数の数を分けるから使いやすくなる

「分けた後に入るモノ」が一定数量ないと、かえって使いづらくなります。そのため、「量からの分類」という考え方が必要です。

一定数以上たまったら、共通点を見出して分類をしていくツミアゲ式分類が、ここでも力を発揮します。

ある程度の数のデータができるまでフォルダを作らない、というやり方です。分類は「困るまで分けない」が基本です。

すぐ探し出せるなら、分けるという行為すらムダです。

「分けすぎると使いにくい」というのは、数ミリの薄い個別フォルダをびっちり作ったり、個別フォルダ2、3個のためにガイドを乱用しているのと同じです。

個別フォルダなら合冊をするように、データに関しても名前を変え1つに集めることで、階層を上げていくと、次第に効率のいい分類が仕上がっていきます。

なるべく階層を浅くして管理しよう

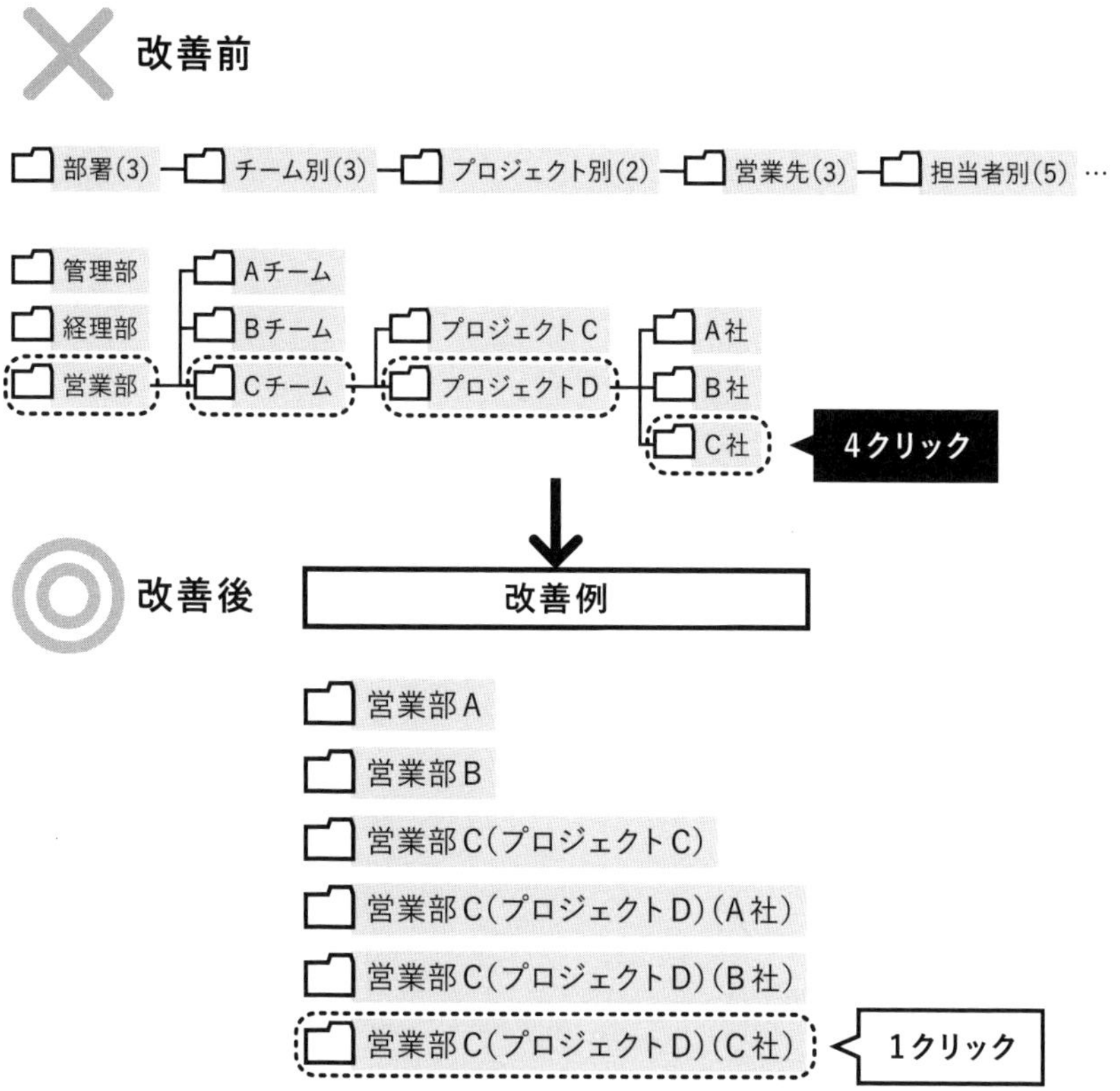

- ☑ 4階層ではなく、1階層でも管理が可能
- ☑ 1フォルダ内のファイル・フォルダが10を超え、探すのに時間がかかり始めた時に、新たなフォルダを作り分類をする

POINT

- **分けすぎると使いにくい。**
- **フォルダクリックした時に、数個しかフォルダがない方はツミアゲ式分類で改善を!**

8 階層を作らないための工夫

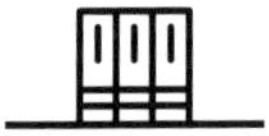

便利な分類を考えてみよう

みなさんが社内ミーティング実施の担当者で、毎月1度の定例会を実施しているとします。毎回、案内文と当日議題という2枚のWordファイルを準備しているため、年間24ファイルの作成が見込まれます。この時、どのような階層にしますか。どんなフォルダを作り、各々のファイルにどんな名前をつけますか。

例えば、

①「社内ミーティング定例会（大分類）」―「何月（中分類）」、その下に案内文と当日議題ファイルを2つずつ収める。

②「社内ミーティング定例会（大分類）」―「案内文（中分類）」、「当日議題（中分類）」と意味別で2フォルダ作り、その下に月別で12ファイルずつ並べる。

この2パターンの、どちらが便利だと思いますか？

答えは、使用目的や頻度によって異なるということ。「**使う時に探しやすく、アクション数の少ない分類**」が正解です。普段から、こんなことを考えながらフォルダを作っていくと、階層の改善も進みます。

数が多くても名前のつけ方次第

「4月_業務改善定例会議(当日議題).doc」「4月_業務改善定例会議(案内文).doc」「5月_業務改善定例会議（案内文）」……と、1フォルダの中で24ファイルが並ぶ、**フォルダで分けない管理方法も可能**です。

何月の当日議題と案内文なのか、20ファイルを超えていても、分けずにタイトル次第で一目でわかり、さらにアクション数も少なくたどり着けます。

5・6・7月がどんな議題だったかと、複数ファイルを見比べる時も、階層を行ったり来たりする必要もありませんし、検索機能を使っても探しやすいでしょう。

もちろん使用目的次第では、これが正解とは限りません。とにかく決めつけずに、臨機応変に、その時々でベターな方法を探る姿勢が必要です。

タイトルのつけ方で「階層浅く、フォルダ少なく」は叶う

【パターン1】　フォルダ12つ、1フォルダ内＝2ファイル

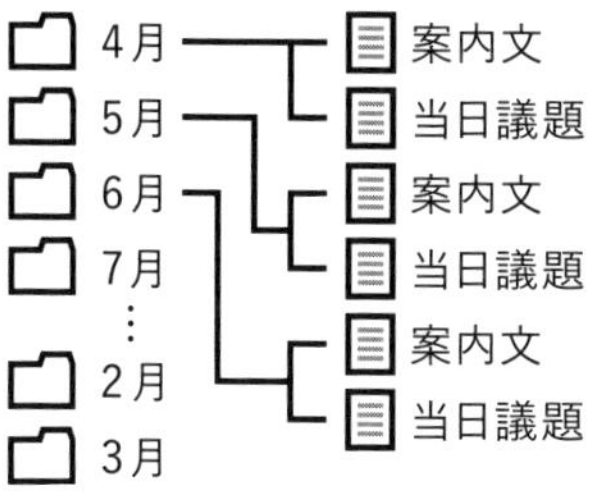

【パターン2】　フォルダ2つ、1フォルダ内＝12ファイル

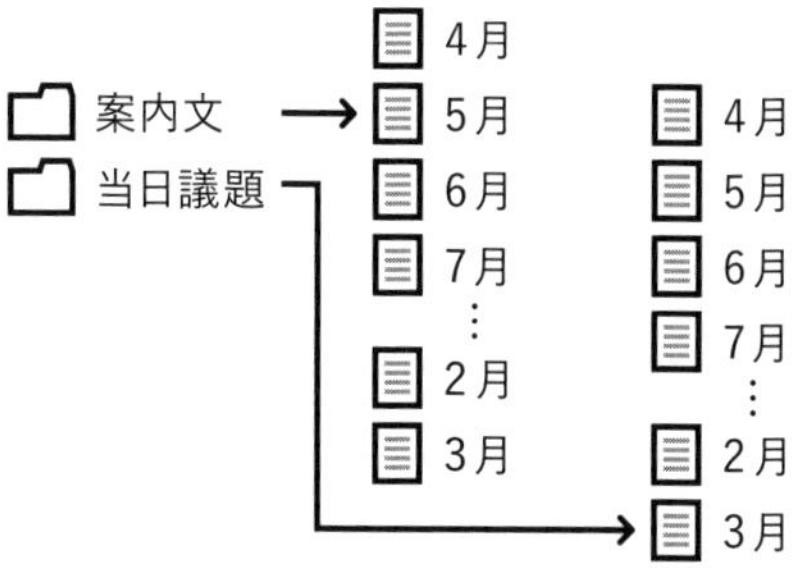

【パターン3】　フォルダなし

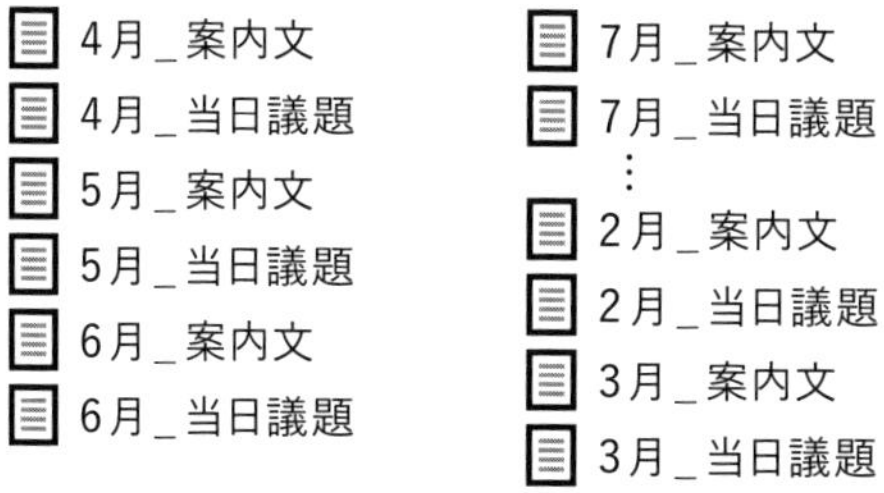

☑ 階層・フォルダが少ないのが正解ではなく、今後の資料の目的によってどの分類が最適かを見極めていくことが重要。

9 データ分類は、ファイル基準表を参考に

紙もデータも、業務の基本は同じ

ファイリングシステム導入時、ファイル基準表を作り上げて喜ばれるのが、データの分類の参考になることです。参考どころか、ほぼそのまま使えばよいだけ。業務について重要度、量と質、種類、そして使用頻度など紙ベースでトータル的に鑑みながら、視覚的に分類が完成したものです。

もちろん、タイトルも精査されています。ここまでの準備ができているから、この大分類、中分類を、パソコンの階層上でフォルダ名の参考にしていけるのです。いわば、書類はデータ化のための土台作りであり、準備作業です。

対して、「PC内の整理整頓をしましょう！」といきなり始めるのは、ハードルが高いものです。ドキュメントの最上位を開け、じっと見つめてもワリツケ式分類しかできませんし、数に偏りも出ます。ファイル名だけでは何かわからず、1つずつあけては思い出しながら、適切と思われるタイトルをつけていかなければなりません。PC内のフォルダや階層を一つひとつ見ていくのは不可能に近いことです。

情報として分類する

そもそも、「紙」と「データ」と分類の入り口が固定化されていることが、情報活用の視点では問題だといえます。本来、ある情報が欲しいなら、紙かデータかは、どちらでもかまわないはず。

徹底的に管理するならば、ファイル基準表にデータ管理の欄を足し、備考欄に媒体がデータであると表記する管理もできますし、今後スキャン・データ化する、逆に紙原本が必要なら、その旨を書いておくこともできます。「情報資産としての徹底した一元管理」はいくらでも可能です。

もちろん、個人の作業範囲で行なうなら、第5章8項の「マイファイル管理表」を参考に、作業を行なってください。

ファイル基準表で一元管理

すべての行に第1・第2
を書かない

ガイド(分類)の数は125
ページを参照

	第1ガイド		第2ガイド	フォルダタイトル	メモ備考	紙・データ
01	総務	01	人事	人事勤怠一覧表　提出控え	データ保存(〇〇フォルダ)	データ
				出張報告提出	提出原本は人事課へ	紙
		02	マニュアル	文書管理一覧表	随時更新	紙
				災害時の対応方法		紙
				人事勤怠システム操作方法	スキャンして処分	紙
				退出時のセキュリティロック手順	スキャンして処分	紙
02	施設	01		消防設置者届出書		紙
				工事見積もり		紙
				AEDシステム契約		データ
03	経理	01		駐車場賃貸		紙
				工事見積もり		紙
				クレジットカード支払い明細	カードは、〇〇の引き出し内	データ
				【取説】水回り　電化製品		紙
				調達・価格・料金表		紙
	外部			〇〇勉強会参加		紙
				〇〇組合		紙

分類が変わる時は行を
あけない

1フォルダ1行。データベース
なので、セルの結合はしない

ファイル基準表まで作っておけば…

→ **分類の標準化が可能になる**

→ **デジタル管理分も一覧化できる**

→ **今後どの書類をデジタル化するかなども記載できる**

POINT

- ファイル基準表で仕上がった、大分類と中分類をPCのフォルダに。
- 紙の管理方式の原則を使用していれば、データ管理もシンプル！

10 データも最上位の分類は年度

紙と同じく年度管理をしよう

よく使っているフォルダの中に、数年前に使ったきりで更新日時の止まったフォルダやファイルが混じっていませんか。それのせいで数が増え、必要なファイルを探す時間が発生するのは本当にムダなこと。

これを解決するために、最上位は「年度別フォルダ」で、以下に業務分類フォルダを展開します。すると、どの年度のフォルダを開けても、その下は基本的には同じ分類名で階層が展開します。ファイリングシステムを導入する時の年度締め作業や、キャビネットの管理と同じしくみを利用しています。古い年度フォルダからバックアップを取り、まとめて削除していけるなど、トータルでのメリットもたくさんあります。

作業時のポイント

まず、年度は自社の会計年度と合わせること。そして、年度業務終了直後のタイミングで作業を行なうのが一番スムーズに進むため、３月31日の夕方以降は、この作業を毎年スケジュールに入れておきます。

そして、過去年度フォルダに移動したファイルは、もう修正・更新はしないことです。もし、引き続き更新が必要なファイルであれば、今年度のフォルダにファイルをコピーし、そのファイル上で更新を行なっていきます。例えば、同じ名簿でも、「令和元年度名簿」をコピーし、「令和2年度名簿」として更新をしていく。こうすることで、令和元年度時点の名簿データも保管しておくことができます。

作業上の注意

ショートカット切れ、差し込み印刷等のデータ連携設定切れには注意しましょう。ＰＣの操作が不安な方は十分お気をつけください。

移動・コピー・削除など大がかりな作業になりますので、再度になりますが、バックアップは必ず取ってから行なってください。

データ分類は年度管理が基本

運用上のポイント

- 会計年度と合わせる
- 過去年度フォルダに移動したファイルは、基本的に修正・更新しない
- 名簿、台帳等、前年度から引き続き更新が必要なファイルは
  コピーをし、今年度のフォルダ内に移動して利用する
- 年度替わりには年度締め作業を。今まで使っていたフォルダ・
  ファイルは一気に移動し、また新規に作り直す
- 今年度のフォルダは、年度が変わる時に作成する

☑ ファイリング作業の「オキカエ・ウツシカエ」作業（第7章2項）と同じ
☑ 年に一度、大きく場所を変えよう

デジタル導入しても万事解決とはいかない

「ファイリングシステムを導入するのは負担が大きい。とりあえず、すべてデータ化したい」
というご相談をよくお受けします。今ある会社の書類を全部PDFにして処分すれば、事務所はすっきりする――と。

確かに、モノとしての片づけの視点では解決しますが、一層問題が深まってしまうのは情報活用の視点。もし、全書類のデータ化をまるごと委託しても、タイトル、分類は指示しなければなりません。今ある簿冊式ファイルの背表紙のタイトルのままだと「庶務関連」「その他」「資料」……、今うず高く積まれている書類の山のままだと「段ボール1」「段ボール2」「キャビネット1」……。これでは、データ化しても意味がありません。

「とりあえず必要な時にあればいい」と割り切れたら問題ないように思うかもしれませんが、その「必要な時」には、あいまいなタイトル、元書類のPDFがあちこちに二重三重と存在しています。今のファイルサーバやドキュメント内部のカオス化した状態が倍増した中から、探し出すことをイメージしてみてください。何日も探すことになる恐れも十分にあります。さらに、全てデータ化した後も書類は発生し、いつか同じ状態に戻ります。結局、問題を先送りしては、根本的な解決には至りません。

この点、ファイリングで紙の分類が整い、ファイル基準表が完成していれば、全体を俯瞰できます。あとは必要な書類だけデータ化して、紙の分類を参考にするだけ。タイトルも紙上で熟考したものを活用できるし、管理表の中で「これは追ってデータ化する」ということも書くことができます。

全部データにして万事解決するなら、今すぐすればいいのです。それができない、ボトルネックが何かと洗い出すと、「どれがデータ化すべき書類かわからない」「データ化の後も、どういう文書を紙で残すかルールがない」という問題にたどり着く。それを整えるのがファイリングです。

紙が基本で、データは応用。基本さえできていれば、あとは簡単でラクに運用ができます。デジタル上の仕事環境を整えたいからこそ、まずは書類から進めるべし、というのが私のデータ管理に対する考え方です。

第7章

全体導入でリバウンドなしの職場を目指そう

1 全体導入の大きなメリット

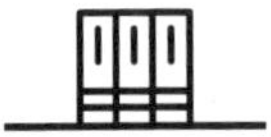

✓本当の「共有」が動き出す効果とは

これまで個人を中心に管理の改善方法を見てきましたが、これがもしファイリングシステムとして職場全体に導入された時には、ここには書いてこなかったような、さらに大きなメリットがたくさん発生します。

まず、自分はもちろん、全員の手持ちの書類が全部共有化され、机の中も上もゼロになります。

職場全体がすっきりし始め、自分以外のメンバーも探し物がなくなる。自分用のファイル管理表も、所属部署としてのファイル基準表に代わり、個人PC内に保管したフォルダのデータもなくなるでしょう。

徹底的な共有は、毎日の仕事の進め方にも影響します。

✓帰宅時、机の上に一切の書類がなくなる

次の日に持ち越す**「やりかけ・しかかり書類」をまとめるマチつきフォルダ**を作ります。明日すぐに取りかかるために、いったんまとめておくのです。フォルダ名は、自分の名前を書いておきます。

日中はそれを机の上で使い、帰る時には、共有スペースへ。出勤したら一番に取り出します。「帰社時も、自分の机の上に、書類が一切ない」ということが実現します。

もう1つの大きなメリットは、**徹底した業務情報の共有**です。「やりかけフォルダ」を全員が作り、同じ場所に置いて帰るので、チームや係のメンバー、誰がどんな仕事を〝今〟持っているか、現在進行中の業務が見える化できます。

これまで、「担当者が休みなので、わかりません」としか回答してなかった業務も、担当者のやりかけフォルダを確認すれば、相手をお待たせすることなく、続きの対応ができるようにもなります。急な事情で休まざるをえない場合にも、書類の場所に関していろいろ説明しなくてすむなど、緊急時も大きな効果を発揮します。組織としての仕事の質、業務効率ももちろん上がります。

「共有」運用が回り出すと、職場全体が活性化！

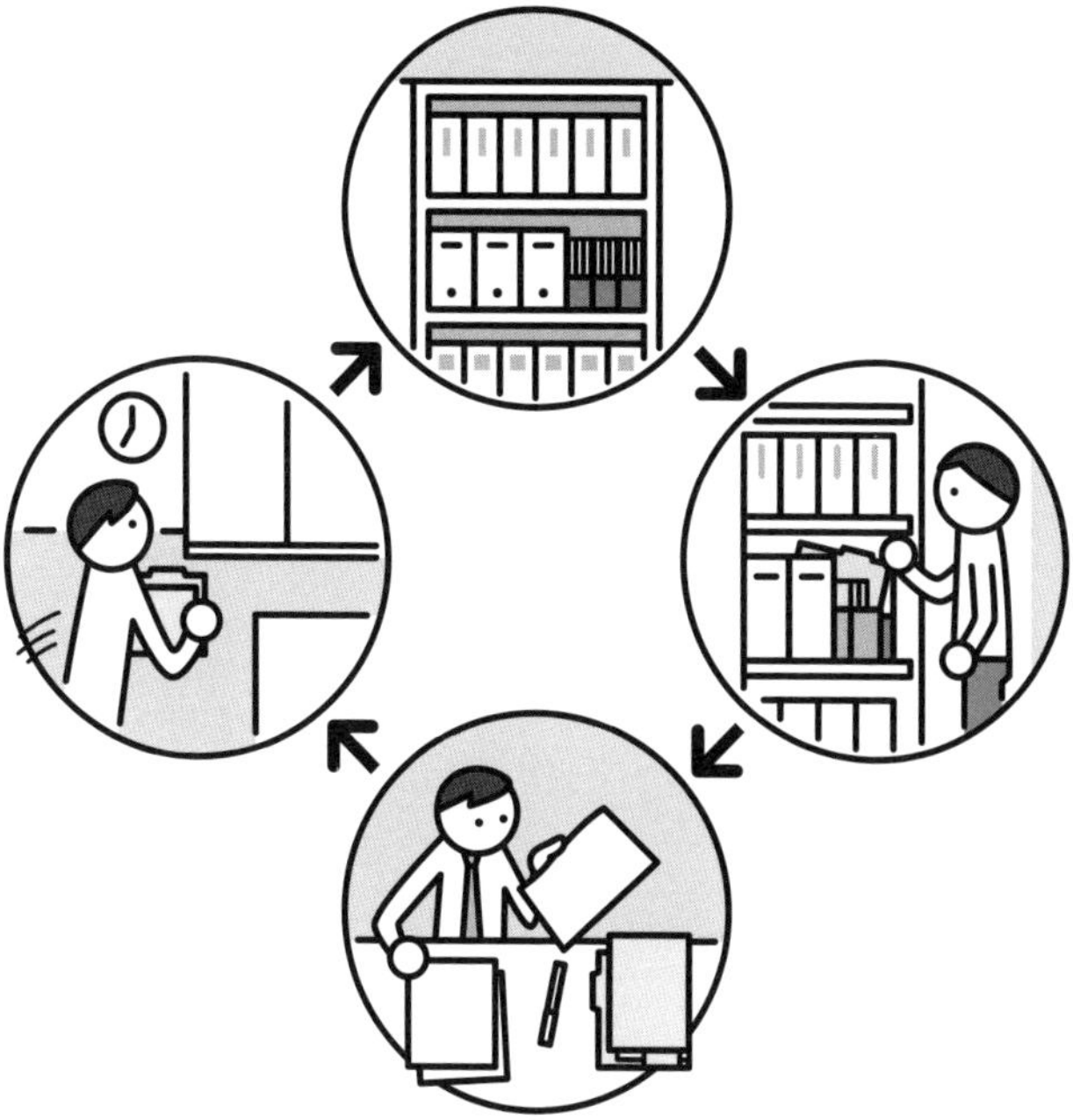

やりかけフォルダのメリット

- 机の上をリセットして帰宅することができる
- 全書類を元の場所に戻さず帰れる
- 翌朝、続きから作業ができる
- 社員の誰が今、何の仕事・どれくらいのボリュームの仕事を持っているかわかる
- 急に休んでも、その書類を取り出し、代わりに対応することができる

POINT

- **業務効率アップだけでなく、提供しているサービス・業務の質も上がる!**

2

「オキカエ・ウツシカエ」でリバウンドなし

年度ベースで行なうのが基本

ファイリングがモノの片づけと違うのは、書類は一度片づけても必ずリバウンドすることです。業務を行なう以上、常に発生し続けるため当然です。

これを解決するのが、「**オキカエ・ウツシカエ**」と呼ばれる、文書サイクルに合わせたファイリングシステム独自の作業。ざっくり言えば、今年使っていた書類はここ、去年の書類はここ、○年保存の書類は今年処分……と「年度」のかたまりを基本に、玉突きで場所を移動させるのです。

年度切り替え時には、今まで使っていた一番便利な場所は空にし、今年度のスペースとして確保。事務所内を常に適正量に収め、快適な業務空間を保ちます。

一定規模を超える企業であれば、保管庫へ移す段階で、文書管理部門の一括管轄にした方が効率がよいため「文書の移管作業」も発生。重い大量の文書保存箱、その中に保存年限別に個別フォルダを入れます。ファイル基準表とつき合わせ作業も各部署で行ないます。これを業務多忙な年度替わりの時期に行なうのでラクではありませんが、難しい作業ではなく、ルーチン化して、時間さえ確保すれば完了する作業です。

会計と同じしくみで考える

ファイリングシステムにそこまで手間がかけられないなどのご相談を受けますが、会計の決算作業と同じだと説明をしています。面倒でも会社を上げて決算を締め、新年度の会計は新しくゼロからスタートします。

年度で締めるから、その年の収益を出せる。これをしなければ、管理がグダグダになるのは目に見えています。書類に関して、この作業をしないから、たまる一方なのです。

日々の書類管理はもちろん、「年に一度の書類の締め作業は、業務の一環である」と、企業として認識することが現状から抜け出す一歩となります。

書類も年度で締める

過年度（前年度）	現年度（今年度）	次年度（来年度）
4月1日 **ファイル基準表の作成** （新年度の場所確保）	**4月1日〜** **3月31日** （運用）	**3月31日** **ファイル基準表の締め** （今年度書類の 見直し・移動） オキカエ・ウツシカエ

※3月末決算の例です。各社の会計年度に合わせてください。
※実際は4月1日までに準備し、締めも決算終了時期に合わせます。

自分の書類だけの作業の場合

①年度替わりに個別フォルダをチェック、全書類を棚卸
②翌年持ち越す必要のない不要な書類／個別フォルダを処分
③年度のまとまりと分類を保ったまま別場所（ボックスに入れて引き出し奥等）で保管
④今まで今年度として使っていた場所を空にし、これからの書類の場所を確保

☑ 探す際、一番大きな分類が「年度」になる。
☑ 大・中分類以下はこれまでのままなので、旧の書類もスムーズに出し入れ可能。

POINT

- **決算と同じように年度で締めることで、リバウンドしないしくみになる。**
- **年度管理できない書類も、例外処理のルールがあるので解決する。**

3

協力してファイル基準表を作ろう

「とってもきれいに使いにくくしてくれた」

第5章で、自分用のファイル管理表を作りましたが、全体導入する際には、これの職場全体バージョンが必要です。ファイル基準表があれば、どこに何があるのか、自部署がどんな仕事を担っているか一目で、新人でも把握できるようになります。

しかし、もし自分の管理表と同じように作っても、おそらく誰も活用してくれません。理由は場所も中身も含め、すべて「わからないから」です。例えば、フォルダの名前。パソコンの納品の説明書だと自分は覚えていて「PC」というタイトルを入れても、他の人にとっては何かわからない。「【説明書】PC」にしたら、先程よりも中身が何か推測しやすい。しかし、これも利用目的が説明書を取り出すことではなく、次回購入する時のスペック参考の手がかりのためなら、「PC導入資料（○○社：型番……）2020年9月」がベターです。最適なタイトルは常に変わります。これまで繰り返し述べてきましたが、特に共有ファイルは積極的にすり合わせをしないと「とってもきれいに、使いにくくしてくれた」と言われかねません。職場全体で議論しながら、よりよいタイトルをつけていく作業が必要です。

副次的効果もこんなに！

また、この作業の中で、どこにあるか、なぜ置いているか、どう分類すればみんながわかりやすいかの視点で活発に議論されるからこそ、書類管理について各々が当事者意識を持つようになります。改めて書類を一覧にすることで、他係・担当者との業務上の二重管理が発覚し、仕事の流れを変更するなど、業務改善にもつながります。

全仕事情報を洗い出し、視覚的に比較分類をすることで、改めて必要なコト・不必要なコトという「コトの整理」も進みます。導入過程で組織としての結束力やチームワークを築き、働きやすい環境がハード面からもソフト面からも整うことが、理想とするファイリングシステムの効果です。

職場全体で導入する ファイリングシステムの効果

◎ よい例：全員でファイリングシステムを作り上げていく

①各々が書類の要不要作業＋個別フォルダ化＋基準表の入力を行なう

②基準表は、全員で作る

☑ 周囲と意見交換を行ないながら、全員が納得できる基準表を作る
（廃棄の基準、置き場所から、タイトルの統一、分類の方法まですべて）

メリット

- 当事者意識の向上
- 個人の持つ仕事の見える化・共有化
- 二重管理など、さらに不要な書類・分類業務の精査
- 良コミュニケーションになれば、他の業務改善への足がかりにも

✕ 悪い例：自分1人でファイリングシステムを背負う

- 周囲が他人事として参加しない
- 収納の仕方、分類等、個人的な視点になり、周囲が使いにくい
- 導入が完成しない、すぐリバウンドする
- 共有の理解が得られない

POINT

- 自分が作った分類・タイトルは他人にはわかりにくい。
- 周囲とすり合わせ基準表を作ることが、今後の使いやすさに影響する。

4 ファイリングシステム導入時のトップとリーダーの心構え

ファイリングシステム導入の推進に必要なこと

全社一括導入で一番ハードルが高いのは「人」です。業務上書類を使う人が対象なので、ほぼ全社員が対象となります。もちろん反対派も含みます。作業に取り組む中で、各部署のリーダー交代のシーンもあり、共有が進まない理由が評価制度にある場合は、制度そのものを見直す必要性が出ることもあります。だからこそ、会社として取り組むべき業務であるとトップが理解し、指示を出す必要があります。

また、ファイリングシステム導入リーダーは、社内全体の指揮をとるため、かなりの業務量となります。ここでも人の問題が大きく、他部署の上司との調整シーンもあります。実際、「○○部は部長が反対していて、部内が行動してくれない」「自分たちではなく、先に部長からさせてくれ」などと言われれば難航してしまいます。

もちろん、導入には個別フォルダ等の消耗品費から、什器、コンサルや研修費など、費用もかかります。トップの理解なしに導入するのが難しいのは、これらが主な理由です。

ファイリングシステム導入リーダーの負担

導入リーダーの業務量としては、文書管理規定の作成や法定保存年限の洗い出しから、全所属への指示、担当者との調整、スケジュール管理、研修実施、現場サポート、そして年度締め作業から、導入後のＰＤＣＡまで非常に多岐にわたります。導入リーダー自身が、ファイリングシステムを体感したことがないため、最短ルートでの導入は難しく、コンサルタントがいても大変な業務量になります。できれば、社内プロジェクトの主担経験者が望ましいでしょう。

まずはトップがやる気で、導入に対して理解があること。そして、周囲からの信頼が厚く、内部調整を行なえる方が導入リーダーであること。社内導入のカギもまた、「人」なのです。

トップの理解なしに全体導入は不可能

導入スケジュールの目安は、数カ月～

☑ 通常業務と並行で行なうなどの場合は半年～数年（企業規模による）

全体導入のために発生する主な作業

- スケジュール作成・全体進行管理
- 文書管理規定等、各種ルールの作成・周知
- 社内全体研修実施
- 各部署の作業支援・管理
（廃棄・個別フォルダ化・ファイル基準表作成、シール印刷・貼付）
- 年度締め（オキカエ・ウツシカエ）作業／翌年度準備
- 維持管理チェック　　など

POINT 導入リーダーや各社員の負担を具体的に想定し、無理のない計画を立てることが成功の秘訣！

5

まずは自分から広げていこう

一人だけ張り切って強行突破は厳禁！

「ファイリング、便利！　みんなでやろう！」

そう熱くプレゼンするほどに、周囲は嫌がるというのが、残念ながら通常の反応です。本を読んだり、研修に参加したりして、やる気になってくださるのはうれしいのですが、周囲の人たちは同じ体験をしていないので仕方ないことだと思います。

ここで気をつけていただきたいのは、絶対に強行突破しないこと。「この書類、使ってないですよね？　全部捨てましょう」とやり続けると、「書類の話題を出すと空気が悪くなる」「書類の話はタブー」という状況になってしまいます。解決の糸口がなれば、今よりさらにひどい状況になりかねません。何よりせっかく取り組みたいと思ったみなさんが「やらなきゃよかった」と思うような事態になるのは避けていただきたいと願っています。

相手に共感されることで本当の変化が起こる

ファイリングが成功する企業やチームに共通するものは何かというと、まずは同じコトに同じタイミングで触れることで熱量を共有し、みんなが一斉にやる気になること。社員研修としての取り組みがこれに該当します。そして、もうひとつ、「まずは自分から」の取り組みからスタートすることです。

日頃からバーチカルファイリングを個人的に実践していたAさん。新型コロナウイルスの影響でテレワークになった際、「あの書類どこですか？　という連絡をしなくてすんだのは、Aさんだけです」と言われたそうです。さらに、通常1カ月かかる監査請求の書類準備を1日で整えられたなど、効果が出ている様子を近くで見ていた職場の上司や同僚が、バーチカルファイリングに興味を持ち始めたとのこと。社内で個別フォルダが広まって、アドバイスを求められるようになったそうです。

一方的な「捨てよう」は相手を否定することにもつながりかねません。「まずは自分から」が、みんなが気持ちよく仕事ができる環境づくりの基本です。

自然と職場全体に広がるのが理想

× 人任せ・人のせい

◎ 今できることから、
自分が行動しよう！

社長自身もトップダウンではなく、
「まずは自分から」と取り組まれた、
株式会社環境管理センター様の引き出し

POINT プラスの影響から、自然と周囲へ広まっていくのが理想的な普及方法。

個人の記憶よりも組織の記録

ファイリングシステムとは、「組織体の維持発展のために必要な文書を、その組織体のものとして、必要に応じ即座に利用しうるように組織的に整理保管し、ついには廃棄するに至る一連の制度のことである」（『五訂 ファイリングシステム』三沢仁、日本経営協会総合研究所）と定義されています。

人は、日々の様々な出来事から経験を得て、日々活かしています。特に意識せずとも、必要な時に活かされるのは個人の記憶だからです。同じく、組織も１つの「組織体」として考えた時には、社員の日々の出来事を組織の経験値として積み上げ、成功も失敗も次へ活かしていくことが必要です。ファイリングシステムとは、それを叶えるため、各々の業務を文書にして記録し、誰もがいつでもすぐに利用できる状態で共有し、かつ効率的な業務環境を整えるために廃棄までに至る文書管理制度であると私は考えています。

ファイリングシステムは、戦後アメリカから導入され、日本企業・日本の発展のための必須のインフラとして考えられ、三沢先生をはじめ多くの先人のご尽力で、日本企業に合うよう独自発展を遂げました。なのに、なぜ今、まだ多くの方がまだ書類に悩んでいるのでしょうか。

専門性・希少性ゆえに情報が少ない、業務効率化と情報活用という両方の真の価値が伝わりきらない。アプローチ不足という点では、私自身、非常に歯がゆいのですが、今、現場で感じるのは、「ファイリングシステム導入＝社内一丸となって一気に行なうプロジェクト」であり、ハードルが高いこと。「ファイリングシステム」の専門書もありますが、導入リーダー向けの解説であり、誰かがやる気になっても、なかなか行動に移せません。

そう考えた時、本書は「ファイリングシステム導入時、全社員向けに説明する内容をまとめた基本」に該当する内容です。この通り管理されていれば、もし今後、導入が決定しても、ほぼ作業は発生しません。個人のファイリングを整えることは、確実な準備となり、導入時の負担を確実に減らすことができると考えています。

第8章

効率化ファイリングの実践例

株式会社のぎす様

栗本薫社長のご感想

最初に受講したのはホームファイリングのセミナーだったのですが、これは会社にも必須だと思いました。そこで、ボックスファイルを数箱、個別フォルダもその数だけ準備し、しばらくは一部の書類だけを運用していました。外出時に必要な営業のパンフレットや書類なども、バーチカル形式で持ち出すようになりました。

ただ、他の書類は相変わらず探しにくいし、自己流は崩れてくる。そこで、思い切ってファイリングシステムの導入を依頼。とにかく見た目がきれいで、完成の最後の作業の時はどんどんテンション上がっていきました。

もちろん、どんな書類がどこにあるか、一目でわかるようになりました。当社は、介護予防・リハビリ・療育・レクリエーションなどに適した商品を企画・開発・販売する会社です。ボイストレーニングのご依頼から福祉の相談者の方まで、いろいろな方が事務所にいらっしゃるのですが、その時に急な話の流れになっても、「そのお話でしたら、詳細な資料がありますよ」など、パンフレットや資料を取り出せるのが助かっています。

ファイル分類の際は非常に悩みました。分類作業にあたって、自分がすべき仕事や、自分がこれから発信していくべき仕事が何かが見えてきたのが驚きでした。ファイリングシステムで業務改善が図れるというのも納得です。

そこから4年たった今、新型コロナウイルス対応で、金融機関、市役所、商工会議所等に提出する書類で大忙しですが、各機関から「必要」と言われる書類は、すべて2秒で取り出せました。

大事な局面で「アレ、どこやった?」「ここに入れたはずの書類は?」など迷いは一切ありませんでした。スピード重視で進めないといけない、ここぞという状況に、「書類がそろうのが早い」というのは、最高の武器だと思いました。

株式会社のぎす様のビフォー・アフター

BEFORE

AFTER

長野ゆかのコメント

個別フォルダのまとめ方や並び順を考える段階で、「参考に」と置いている資料の傾向が見えてきて、「ご自身がやりたいコト」が明確になりました。4年前の導入のご決断が、現在、大事なシーンで社長の武器となっています。

2 株式会社 環境管理センター様

小林秀樹社長のご感想

新事務所建築のタイミング（2つの事務所を統合）で、導入を決定しました。3カ月間、自分の仕事の書類の整理を行なっていく過程で、最初に書類の要不要を実施、ファイルを資産として管理するための分類とデータベース化作業を行なっていきました。最初の段階で、すでにメリットは感じ始めていました。

特に、データベース化作業。この作業を通じて、要不要とは違う角度から書類と向き合うことになりました。時代・市場の変化を乗り越えてきた歴史が刻まれている書類に対し、私が戦ってきたこれまでの葛藤と、それをこれから経験する承継者の息子への想いもありました。重荷であったファイルを整理することで、息子に何を引き継いでいくべきかということが明確になり、得体の知れない重圧や不安から解放されたことも大きなメリットでした。

メイン作業であると聞いていたファイル基準表の作成はマストの作業でした。全書類が共有前提で、書類を個人で管理するのはおかしい、という意識が根づいたことで、会社は「公器」だと気づかされ、社員にファイリングの動機付けをすることもできました。

職場では、私のファイリングをモデルとして示していきました。昔からの社員と昔話を交えながら、好意的に取り組むことができました。

当社は40年以上の歴史を持つ環境コンサルティング会社で、キャビネットに置いてある古い書類の入ったファイルたちを見ると、難航が予想されました。しかし「ファイル1冊でも資産」という、長野さんの言葉に押され、作業をスタート。古い書類の扱いは苦労しましたが、シンプルなファイリングの実践方法で、よそ見をせず、最短で目的地へたどり着くことができました。

これからのテレワーク時代には、仕事も書類も個人に帰属しないファイリングのしくみ作りが、事業継続力強化の上でも役立つと痛感しています。

株式会社環境管理センター様のビフォー・アフター

BEFORE

AFTER

長野ゆかのコメント

社長自身が効果を実感したことから、社内への本格展開がスタート。社員に押しつけないという社長の姿勢が、現在の導入成功の秘訣だと感じます。今も、「気がついたらバーチカル」作戦を実行中とのことです。

3

学校法人済美幼稚園様

宮崎こずえ園長のご感想

モノの片づけができていない環境で、幼児教育に取り組むことが問題だと常に気になっていました。最初は部屋の整理整頓を行ないましたが、書類が多く整理ができていなかったので、ファイリングの実施が必要でした。

導入前は簿冊が一番と思っていましたが、バーチカル導入後は、一目でわかる掲示の仕方になって書類を探す時間が短くなったり、必要のない書類が見えてきたりしました。書類棚の必要台数が減り、部屋にあきスペースができたのも大きな成果です。

さらに、自分が1人で把握してきた書類を、職員たちとともに作業することで、必要か必要ではないかの判断が、とてもしやすかったです。一緒に作業をすることで引き継ぎ業務も兼ねることができ、書類のストレスから解放されました。

事務職 濱島友里様のご感想

以前は、探したい書類がどこにあるか不明で、書類の保管スペースが多い上、どんどん増えていく状態。担当者しか書類を探すことができず、同じ分類の書類が他のファイルに混在していることも多々ありました。実際、最初の整理の作業の段階で、原本とコピーが何枚も入っていたりして、その分、ファイルが重たくなっていました。

特に苦戦したのは、ファイル基準表を作り上げる分類です。どう分類していいかわからず、作業が止まってしまうこともありました。しかし、書類の破棄、フォルダ化、分類と各工程の中で、頭の中が徐々に整理・分類されていき、後半にかけてどんどんスピードが上がりました。

今、ファイリングシステムが完成し、書類をすぐ見つけることができるようになりました。これなら、新人でも見つけられると期待しています。

使った書類は棚に戻っていくので、業務後も散らかることがありません。書類を保管するスペースも最小限となり、色別で整理できているので、見た目もきれいです。

学校法人済美幼稚園様のビフォー・アフター

BEFORE

AFTER

長野ゆかのコメント

遠方かつコロナ禍のため、オンラインでのコンサルティングとなり、園の2Sコンサルタント家村かおりさんが現地のサポートをしてくださいました。ファイル基準表の入力が終わって俯瞰すると、年度や人によって園の施設や部屋の呼び方にばらつきがあることが判明。書類だけではなく、今後は呼び方も統一していく「コトの改善」へとつながりました。

4 平安伸銅工業株式会社様

竹内香予子社長のご感想

大阪にある突っ張り棒の老舗メーカーです。導入のきっかけは「社屋の引越しのタイミングで書類にルールを作りたい」という考えからでした。

明確な処分基準ができたことで、書類の廃棄作業は社員一丸となって一気に進めることができました。書類が減ったため、荷物を運ぶ回数も減り、引越し作業も負担が少なくすみました。

よかった点は、とにかく書類がすっきりしたこと。そして、誰がどんな仕事（書類）を持っているのかも、非常にわかりやすくなりました。

予想外のメリットだったのは、自分が管理していた書類について体系的に分類していくことで、「これは総務、これは人事、これはシステムの仕事」とわかってきたこと。「部署にひもづいている書類で、これは自分（社長）だけの仕事ではない」ということが明確になったことでした。

見た目が雑然としたオフィスでは、企業のブランディングもままなりません。書類管理の効率化は最重要事項だと思っています。

社員のみなさまのご感想

- 戻す位置があるって、素晴らしいです。以前は「どこに戻していいかわからない」ということがよくあり、書類がたまっていく原因のひとつでした。今は「やりかけ書類はここ」などと迷わず戻せるので、書類があちこちいかず、出しっぱなしになりません。
- 業務上、よく他の部署の書類が必要になります。以前はその書類の場所がわからなかった（担当者が個人的に持っていた）ので「今、忙しいかな？」とタイミングを見計らって、「〇〇の書類を貸していただけますか？」と声をかけていました。今では、全書類が共有という位置づけに変わり、必ず決まった場所に置いてあるので、勝手に見ることができるようになり、仕事が早くなっていると思います。

平安伸銅工業株式会社様のビフォー・アフター

BEFORE

AFTER

長野ゆかのコメント

導入担当チームとの前向きな作業は楽しく、先々代から受け継がれる社員や自社商品使用者への社長の想いもお聞かせいただきました。訪問中に、商品「ラブリコ」がグッドデザイン賞を受賞した第一報が入り、みなさんと一緒になって喜んだことは、忘れられない思い出です。

5 整理収納アドバイザー 長谷川つぐみさん

長谷川つぐみさんのご感想

平日は会社員、休日に整理収納アドバイザーとして活動しています。勤務先でテレワークが導入されました。職場の書類を持ち帰るようになり、その管理方法に戸惑ったタイミングでホームファイリングの実践の学びをスタート。

自己流管理の家庭の書類も含めて、使いやすく、見た目にも美しいバーチカルファイリングに変身することを夢見て始めました。

レッスンでは、ファイリングの細かなルールや考え方に触れ、地道な作業を繰り返します。どれも大切なエッセンスばかりなので、理解するまで先には進めません。でも、常に目の前の書類と向き合いながら実践式で取り組むので、習得していく感覚がありました。

今まで目を背けてあいまいにしてきた問題が次々と解決、プロから学ぶことの大切さを実感しました。特に、ファイル管理表の作成は、独学で作ることは困難です。

乳幼児と小学生の4人の子育て中なので、作業時間の捻出には苦労しましたが、今まで書類に振り回されていた時間を、これからは有意義に使えると思うと頑張れました。

完成したホームファイリングは家族にもわかりやすいと大好評です。一生困らないファイリングシステムが手に入るなら、作業にかける時間など些細なものです。忙しい方にこそお勧めしたいと思っています。

家庭の書類が快適に管理できるようになると、次は職場の書類管理も改善したい気持ちが湧いてきました。家庭と職場、両方で正しいファイリングが実現できれば、その相乗効果は計り知れません。

会社の書類管理に携わる方には、家庭で再現してほしいと思います。私自身はここで学んだことを活かして、そんな書類で悩む方の力になることを夢見ています。

長谷川つぐみさんのビフォー・アフター

BEFORE

AFTER

長野ゆかのコメント

ファイリングを働く母として自宅のために、職場のために、整理収納アドバイザーとしてお客様宅のために、と言う長谷川さん。地道な作業一つひとつにしっかり向き合うことで、これまでの問題が解決し、一生困らないファイリングシステムを手に入れることができることを示すよい例です。

6 職場片づけコンサルタント 家村かおりさん

家村かおりさんのご感想

長野さんと一緒に、済美幼稚園様（本章3項）のファイリングシステムの導入作業に取り組んでいた時に、世界中に新型コロナウイルスが広がりを見せました。

そんな中、作業現場で感じたのは、リモートワークが増える時代に備え、職場だけでなく、プライベートと仕事の書類が混在する自宅にも、書類の整理が必須だということです。

また、これまでも企業に2Sコンサルティングをする中で、大量の書類に苦しむ様子を見てきました。モノだけでなく、書類の指導ができれば、どれだけ役に立てるだろうかと感じ、まずは自分自身も自宅のファイリングにも取り組むため、ホームファイリングを学ぼうと思いました。

自宅で仕事をする人にとっても、家全体に散らばっている書類が1カ所で管理でき、欲しい書類を秒単位で出し入れできるしくみは、場所も時間も心にもゆとりをもたらすと実感しました。

また、家庭でファイリングのしくみを扱うことができれば、企業導入前のトレーニングになります。実際に3カ月間、自分の書類で実践したところ、オフィスの書類でも使える技術でした。

私は普段、企業の2Sコンサルをしていますが、まずは基礎を学び、実践するホームファイリングのメソッドは、家庭にとどまらず、企業の個人スペース、例えば机周りなどであれば、十分使える深い内容です。

モノや書類はただ整理整頓するだけでなく、「崩れないしくみ」を導入することが、長期継続に重要ポイントだと思います。

ファイリングメソッドで必要最低限の書類がしくみ化されることが、今後のリモートワーク時代やデータ化が進む時代に、大きな支えとなると確信しました。

家村かおりさんのビフォー・アフター

BEFORE

AFTER

長野ゆかのコメント

「ファイルボックスを使うのは面倒」「1アクションでも減らしたい」と、自宅にオフィス用のキャビネットを導入されているとのこと。きっと、最高の仕事環境が整ったことと思います。

7

整理収納アドバイザー もんのえつこさん

もんのえつこさんのご感想

ファイリングに関しては全く知識がない状態で、長野さんのホームファイリング講座を受講し、個別フォルダに書類をまとめてみました。

それだけでも十分便利になったのですが、片づけのプロとして活動をしていく中で、たくさんのご家庭が書類に悩んでいることを知り、もっと深く勉強したいと思い、3カ月間の実践講座を受講しました。

自分の家の書類をもう一度最初からすべて見直し、家族みんなで共有できるための、バーチカルファイリングを完成させました。

自分流で作成した時に比べ、個別フォルダの分類や順番がきっちり決まっているので、書類を探す時間が減り、出し入れに迷うことがなくなったので、時間的、精神的効果をすごく実感しています。

それと、もうひとつ、ファイリングを学んでよかったことは、全く整理収納に興味がなかった夫が、自分から書類整理のセミナーに参加するといって、夫婦で長野さんのファイリング講座に参加したことです。

個別フォルダの使い方を学び、会社の自分の書類を個別フォルダにまとめたところ、実際に仕事の効率が上がり、書類をすぐに取り出せるようになったとすごく喜んでいました。

家とオフィス、すべての書類に共通することは、書類が整うと頭の中が整理され、気持ちまですっきりし、相乗効果が表れることだと思います。

今回、改めて書類と向き合うことの大切さを実感することができたので、これから整理収納アドバイザーとしてお客様のサポートをする際にも、ぜひ役立てていきたいなと思っています。

もんのえつこさんのビフォー・アフター

BEFORE

AFTER

長野ゆかのコメント

もんのさんがおうちで書類を整えている様子から、ご主人も自発的に職場でバーチカルを実践されました。こうして徐々に家庭からも、オフィスからファイリングが広まればと思っています。

職場を片づけて叱られた若手社員

ある企業で研修を行なった後、若手社員がチームを組んで、職場の改善活動を始められました。どんどん片づき、スペースも広くなり、周囲の方の効率もアップして大変喜ばれていたそうです。緊急業務が発生した時も、そこに書類をおいて一気に取りかかれたとのこと。

しかし、作業中に１つトラブルがありました。整理の作業途中に処分してしまった段ボールの中に、古い社内システムの設計書が混じっていたらしく、それが数年ぶりに突然必要だという話になった際に「あの書類がない」「○○さんたちが処分してしまった」と非難されたのだそうです。

彼らは「最終処分は上司の了承を得てから」という、研修の内容をきちんと実行されていた中で、このようなことがあったと教えてくれました。

上司の判断のもと、彼らが非難されるのはおかしいのは当然ですが、努力したメンバーのおかげで、日々片づいたことのメリットを周囲も享受しているにもかかわらず、１つの失敗を責めてしまう部署の空気が気になりました。

何より、ファイリングコンサルタントの視点から見れば、そんなに大事な書類を「捨ててもいいですか」と言われてしまうような状態で置いていたことの方が、組織としてよほど問題です。

彼らに非はなく、応援している旨を伝えたところ、業務改善運動として社内で発表もなさったそうで、「あの研修とアドバイスのおかげです」と事後、うれしそうに報告をいただきました。

私のところへは「職場をなんとか片づけたい」と個人的に相談に来る社員さんも多いですが、彼らに共通することは、効率よく仕事をしたいのは自分のためだけではなく、周囲のため、会社のためだということ。自分の仕事時間を削ってでも、みんなのためになればと考え、作業している人たちです。

こうした目に見えない人たちの努力が、もっと評価にされる社会にしていきたい。そのためにファイリングでできることを、模索していきたいと考えています。

おわりに

本書執筆にあたって、大きな迷いがありました。
それは、「まずは自分から」という本書のファイリングテーマが、「文書の私物化を排除して、文書の共有化を図る」というファイリングシステムの大前提に矛盾するからです。「組織として情報資産の管理活用が重要」と訴える自分自身の考えにも反していますし、これまでファイリングシステムを研究し普及してこられた先人の方々に、申し訳ない気持ちもありました。

しかし今回、ファイリングシステムの大家、三沢仁先生の著書を何度も読み返したところ、日本に参考文献もない時代から苦労しながら研究され、多くの方に役立つよう願われていらっしゃる、その先生に賛同して多くの関係者が協力されているご様子から、まず身近なところから広めることも必要だと思えました。

そして、もうひとつは、これまで私に相談してくださったクライアントさんや受講生の方々からの声です。「書類・データをどうすべきか困り果てていて、助かりました」「ファイリング最高です。日本中に広めてください」、こんな感想をいただくと、同じようにお困りの人たちのお役に立てるのではと考えました。

受講生の中には、自発的に改善を進め、徐々に周囲を巻き込み、結果、会社全体の環境改善を成功させ表彰された方がいらっしゃいます。これまでトップダウンの指示でのみ可能だと思っていた全体改善を、個別アドバイスから成し遂げられたことに驚くとともに、ボトムアップだからこそ広がる可能性を目の当たりにしました。こんな風に環境改善していけるのだと、その希望が背中を押してくれました。

もし、ファイリングシステムに興味を持たれたら、内閣府が公開している「公文書管理法」「行政文書の管理に関するガイドライン」をご覧ください。情報は国民共有の知的資源であるという位置付けにおいて定められた管理方法で、ガイドラインをよく読むと、前提が簿冊式ではないこともわかります。何といっても、ファイリングは公文書・行政文書が基本であり王道なので、間違いありませんし、その意義や実務上の留意点等は、文書管理規定を作成するなど、自社のファイリングシステム運用の参考になります。

さらに、地震・台風等の災害記録など過去の歴史からの教訓を学ぶこと、WHOが「100年に1度の衛生上の危機」と称したコロナ禍の状況を、未来へ伝える重要性などにまで想いを馳せると、またファイリングの意義が広がり始めるでしょう。

「職場はぐちゃぐちゃ。自分の書類は、何とか集めてやりすごしている。みんなが探している非効率は気になるけど、もうこれでいい」

こんな、あきらめとも取れる、自分さえ我慢すればいいという言葉を耳にします。この方自身、つらい立場ではあるのですが、厳しく言えば、次の担当者や次世代の人たちに課題・負担を押しつけて、現状の問題に加担していることにもなってしまいます。

「やらないよりはやった方がいい。嘆くくらいなら、まずは自分から行動しよう」

これは、あらゆる社会問題と同じです。行動する一人ひとりの存在が大切なのです。途方もないけれど、ファイリングの分野ならば、結果が出るように私がサポートしていきたい。そんな気持ちで活動をしています。

本書執筆中、医療従事者のみなさまをはじめ、エッセンシャルワーカーの方々、家族、友人、みんなが必死で働いている中、漠然とした不安を抱えながら何もできない自分が情けなく、呆然と過ごしていた時期もありました。

そんな中、過酷な状況にある保健所に勤める友人や、看護師の友人が「休憩も取れず働く中、書類が出てこず、みんなが書類を探している。ファイリングをやっておけばよかった」と嘆いているのを聞き、すぐでも手伝いに行きたい思いになりました。その人にしかできない仕事に集中してもらいたいと思う中で、働く人たちの環境を整えることが自分の使命であり、多くの方にファイリングを知ってもらうチャンスだと本書への想いもますます強くなりました。

今回、「次の書類に悩む方のお役に立つなら」と事例紹介にご快諾くださったみなさま方に、心よりお礼申し上げます。また、ファイリングに可能性を見出し、最後までとことん寄り添い応援してくださった同文舘出版の戸井田さん、かたく難しい印象を抱かれがちなファイリングをわかりやすく表現してくださった藤塚さん、神林さん、本当にありがとうございました。

どうか本書がお役に立ちますように。日々懸命に仕事をされているみなさんに、敬意と感謝を込めて。

長野ゆか

【参考文献】

『五訂 ファイリングシステム』三沢 仁（一般社団法人日本経営協会）
『Q＆A 実践 新公文書管理—AKFの理論と実務—』廣田傳一郎（ぎょうせい）
『基礎から学ぶトータル・ファイリングシステム「ファイリングデザイナー2級テキスト」』（一般社団法人日本経営協会）
『公文書管理検定テキスト（実務編）』（一般社団法人日本経営協会）
『整理収納アドバイザー公式テキスト 一番わかりやすい整理入門』澤 一良・著、一般社団法人ハウスキーピング協会・監修（ハウジングエージェンシー）

著者略歴

長野ゆか（ながの ゆか）

株式会社オフィスミカサ代表取締役、オフィス業務効率化コンサルタント、研修・セミナー講師

大阪府八尾市役所にて情報システム部門に所属、15年勤務の後、平成25年退職。同年オフィスミカサ設立。文書（書類・データ）管理を中心に各社の理念にそったオフィスの環境改善・効率化などを実施。理論的かつ、働き手の環境やコミュニケーションを重視したセミナーでのアプローチは「受講後、積極的な発言や自発的な行動が発生した」との声が多数。オフィスの環境改善（モノ）→業務（コト）への改善を促し、組織全体の業務効率アップを実現している。

厚生労働省をはじめ全国の自治体や企業での研修実績多数。これまでの登壇は約500回を超え、受講者数はのべ6000名を超える。2023年、ファイリングコンサルティング事例が「自治体DX推進手順書参考事例集」（総務省）に掲載された。

著書に『実践！ はじめてのホームファイリング――「おうち書類」の片づけかた』（同文舘出版）、『この1冊で安心!! 新人公務員のメールの書き方』（学陽書房）などがある。

【お問い合わせ】
株式会社オフィスミカサ
https://office-mikasa.com/
オフィスミカサLINE公式アカウント
https://page.line.me/?accountId=officemikasa

実践！ オフィスの効率化ファイリング

2020年10月 7日　初版発行
2024年 5月20日　7刷発行

著　者――長野ゆか

発行者――中島豊彦

発行所――同文舘出版株式会社

東京都千代田区神田神保町1-41　〒101-0051
電話　営業03（3294）1801　編集03（3294）1802
振替00100-8-42935
https://www.dobunkan.co.jp/

ISBN978-4-495-54073-9
印刷／製本：萩原印刷
Printed in Japan 2020